100 RECEPTEN VOOR VEGAN BURGERS EN SANDWICHES

Veel plezier met het maken van je eigen gezonde en voedzame maaltijden met deze 100 gloednieuwe groene recepten

Jolanda De Boer

© COPYRIGHT 2022 ALLE RECHTEN VOORBEHOUDEN

Dit document is gericht op het verstrekken van exacte en betrouwbare informatie over het behandelde onderwerp en probleem. De publicatie wordt verkocht met het idee dat de uitgever niet verplicht is om boekhoudkundige, officieel toegestane of anderszins gekwalificeerde diensten te verlenen. Als advies nodig is, juridisch of professioneel, moet een beoefend persoon in het beroep worden besteld.

Het is op geen enkele manier legaal om enig deel van dit document te reproduceren, dupliceren of verzenden in elektronische of gedrukte vorm. Het opnemen van deze publicatie is ten strengste verboden en opslag van dit document is niet toegestaan, tenzij met schriftelijke toestemming van de uitgever. Alle rechten voorbehouden.

Waarschuwing Disclaimer: de informatie van dit boekis naar ons beste weten waar en volledig. Alle aanbevelingen worden gedaan zonder garantie op de auteur of het publiceren van het verhaal. De auteur en uitgever wijzen elke aansprakelijkheid af in verband met het gebruik van deze informatie

Inhoudsopgave

INVOERING 6

1. VEGAN HUMMUS SANDWICH 9
2. SUPER LEKKERE VEGAN SANDWICH 10
3. TOAST MET SPELTJES 12
4. VEGANS TONIJNSANDWICH 13
5. VEGANS PASTRMI SANDWICH 15
6. PLOWMAN'S VEGAN MET QUORN PLAKJES 17
7. VEGAN HAM QUORN ROLLS EN KAASVERVANGER 18
8. QUORN VEGAN NUGGET TORTILLA ROLLEN 20
9. QUORN WORSTWraps 21
10. QUORN VISVRIJ STICKS WRAP BITES 22
11. VEGAN QUORN BAGUETTE MET KIP CURRY SALADE 23
12. HETE LUCHT GEBAKKEN QUORN VEGAN NUGGET TACOS EN CHIMICHURRI 25
13. VEGAN QUORN PÂTÉ APERITIEF SNACKS 26
14. QUORN ZUIDELIJKE VEGETARISCHE BURGERWRAPS 28

15. QUORN VEGETARISCH GEHAKT BURRITO, ZOETE AARDAPPEL, ZWARTE BOON EN CHIPOTLE PEPER 30

16. VEGETARISCHE BURRITOS 33

17. IN STUKJES GEMAAKTE QUORN FAJITAS MET MANGOSAUS 34

18. VEGAN ROOKHAM VRIJE PLAKJES QUORN BAGUETTE 36

19. BAGEL MET CASHEWCRME EN GEMARINEERDE WORTEL 37

20. VEGAN HOTDOGS 38

21. TONIJNSTIJL VEGAN MAYONAISE SANDWICH 40

22. RUNNY MAGE EN SPINAZIE SANDWICH 42

23. VEGAN CLUBSANDWICH 43

24. CLUB SANDWICHES - EEN SUPER GOURMET 100% PLANTAARDIG RECEPT! 46

25. BACON-STIJL TOFU CLUB SANDWICH EN PUTIGNANO WANDELING 48

26. GEGRILDE TOFU CLUBSANDWICH 49

27. KIPPERT TONIJN - SANDWICH 51

28. GEZOND VEGAN SANDW ICHE 52

29. CLUBSANDWICH ALS EEN TONIJNMAYO! [VEGETARISCH] 55

30. TOMAAT EN KOMKOMMER SANDWICH CAKE MET BASILICUM 56

31. KIP EN FRIET SANDWICH MET MOSTERDSAUS (VEGAN) 59
32. SANDWICH MET GEPANEERDE VIS VINGERS EN TARTAARSAUS (VEGAN) 61
33. ULTRASNELLE EN GEZONDE SANDWICH 62
34. HUMMUS SALADE VOOR WINTERSANDWICH [VEGAN] 64
35. KOMKOMMERSANDWICH VOOR APERITIEF 66
36. SANDWICHES POLAR BROOD EN GROENTE ZALM 68
37. MINI BAGUETTEN MET ZADEN EN GRANEN 70
38. KLEINE ENGELSE SANDWICH TROTS OP ZIJN SCANDINAVISCHE ARIGINS 72
39. SPECIALE VEGETARISCHE SANDWICH 74
40. RUWE, LAGE GI 75
41. SANDWICH VEGAN DUBBELE PADDESTOEL EN SPINAZIE MET KRUIDROOM. 78
42. KIKKERERWEN EN AVOCADO PASTA SANDWICH 80
43. BIETENHUMMUS SANDWICH 83
44. TOFU BACON SANDWICH 84
45. VEGAN SANDWICH MET AVOCADO, ARUGULA, TOMAAT EN FRAMBOZENMAYO 85
46. SANDWICH BLT 88
47. VEGAN GEPANEERDE SANDWICHES 89

48. PORTOBELLO PADDESTOEL SANDWICH AND 91
GEKARAMELISEERDE UI 91
49. SANDWICH MET MILLETBROOD 92
50. TOMAAT BASILICUM SANDWICH 94
51. NOPAL SANDWICH 95
52. RAUWE SANDWICH MET AVOCADO ALIOLI 97
53. SANDWICH EXTRA 98
54. TOFU SANDWICH MET MAYONAISE EN VERSE KRUIDEN 100
55. VEGETARISCHE SANDWICH MET POMPOENMAYONAISE 102
56. AUBERGINE PATE SANDWICH 103
57. SANDWICH MET TOFU 104
58. SANDWICH MET QUINOA EN PADDESTOEL ... 106
59. AANGESCHREVEN TOFU SANDWICH 107
60. GROENTE SANDWICH 109
61. TOFU EN MISO SANDWICH 111
62. WILDE ASPERGES EN PADDESTOELENSANDWICH 113
63. SANDWICH MET KOMKOMMERS, WORTELEN EN SPINAZIE. 115
64. VEGAN TOFU SANDWICH 116
65. VEGAN TAKE AWAY SANDWICH 118
66. SANDWICH VAN PITABROOD EN SANFAINA 120

67. AVOCADO SANDWICH 122
68. Courgette MUTABAL 124
69. SANDWICH VEGAN GEHAKTBAL 127
70. MIDDELLIJK DINER MET VEGAN SANDWICH IN HET ZUUR 129
71. SANDWICHES DE MIGA "LICHT" 130
72. VEGAN SANGUCHE UIT SEITAN 131
73. VEGAN SANDWICH 133
74. ZEER MAKKELIJK ROGGEBROOD 134
75. KNOFLOOKBROOD 137
76. SANDWICH PLANTAARDIG 139
77. LICHTE GROENTE SANDWICH 140
78. TYPE WORST WORST VOOR SANDWICHES 141
79. SANDWICH MET PADDESTOEL, SPINAZIE EN TOMATEN. 142
80. AREPAS DEEG 144
81. GEROLDE SANDWICH 146
82. GROENTE EN KOMKOMMER SANDWICH 148
83. FALAFEL, PIQUILLO PEPER EN VEGAN SANDWICH 149
84. SNEL VOLKOREN PIZZABROOD 150
85. TOFU SANDWICH 151
86. RAUW VEGAN LIJNZAAD BROOD 152
87. PIJPBROOD 153

88. BROOD MET OLIJVEN..155

89. KIKKERERWTEN, BOSBES EN WALNOOT SALADE SANDWICH...157

90. ROZEMARIJN EN VLASBROOD.............................158

91. WATERKERS EN HUMMUS SANDWICH..............160

92. ZWARE ROZIJNEN EN WALNOOTBROOD.........161

93. ALFALFA SPROUT SANDWICH..............................163

94. VIJGENBROOD..164

95. KIPPERSALADE SANDWICH..................................166

96. BREEKERS..167

97. HAVERMOUT DUMPLINGS....................................168

98. VEGAN TOFU ROGGEBROOD SANDWICH..........169

99. VOLKOREN ROGGE EN SPELT BROOD.................171

100. SANDWICH MET SEITAN, GEROOSTERDE PEPERS EN PADDESTOELEN..173

INVOERING

Sandwiches zijn een van de meest veelzijdige voedingsmiddelen die over de hele wereld worden bereid. Ze bestaan meestal uit een of twee sneetjes brood met een vulling van vlees, kip, vis, kaas, groenten of andere ingrediënten. Brood is er in verschillende vormen en maten en een bijna onbeperkte verscheidenheid aan vullingen. Als gevolg hiervan worden sandwiches op verschillende manieren geserveerd, afhankelijk van het beoogde gebruik.

Sandwiches worden vergezeld door wafels, chiffonade (gesnipperde) sla, waterkers, juliennes van kool of wortelen. Sandwiches worden gemaakt met wit brood, bruin brood, Frans brood, broodjes of bootvormige broden. Soorten broodjes

1. Eenvoudig Broodje
2. Broodje openen

Voorbeelden van broodjes:

- Sandwichcake: - Deze zien eruit als cake met ijslagen en zijn gemaakt met ronde broden. Zacht glazuur met boter, kaas en andere ingrediënten wordt in twee of drie ronde plakjes gesneden. Net als cakes, wordt het in partjes gesneden.
- Brood: - Het brood wordt in de lengte gesneden, vervolgens gevuld en in lagen ingevroren om een broodsandwich te maken. Het wordt geserveerd door het over het brood te snijden.

- Pinwheel: – Het brood wordt in de lengte gesneden om een pinwheel-sandwich te maken. Boter en een zachte vulling van contrasterende kleur gelijkmatig over het brood verdeeld.
- Lint: Ze zijn gemaakt met twee verschillende gekleurde broden. Twee sneetjes bruinbrood en een sneetje witbrood, of andersom. Voor de broodjes worden drie sneetjes brood gebruikt, met twee verschillende kleuren vulling. Ze worden geserveerd in dunne reepjes.
- Double Decker: Zoals de naam al aangeeft, worden drie plakjes gebruikt, waarbij het eerste plakje de vulling bevat en het tweede plakje de boter. De derde plak wordt voor het serveren bedekt met sla, tomaat en komkommer.
- Bookmaker: Een gegrilde steak wordt ingeklemd tussen een beboterd broodje of Frans broodbeleg met Franse mosterd.
- Broadway: Deze sandwich bestaat uit twee lagen toast, gerookte zalm, geraspte sla en gesneden hardgekookt ei. Het gaat vergezeld van mayonaise.
- Theesandwiches worden gemaakt met dunne sneetjes brood waarvan de korst is

- verwijderd en eventuele vullingen in driehoeken worden gesneden.
- Gegrilde Sandwich: Om deze sandwich te maken, vult u twee sneetjes brood met vulling en grill ze vervolgens op een salamander of griller. Ze worden dampend geserveerd.
- Canapés zijn kleine hapjes met een hartige smaak. Ze kunnen zowel warm als koud geserveerd worden.
- Zakuski: Dit zijn canapés gemaakt met traditionele vullingen, zoals gerookte vis op toast met aspic gelei.

Delen van sandwich:

- BASIS: In sandwiches bestaat de basis uit brood, broden en andere soortgelijke items.
- Spreads zijn vettige en gearomatiseerde boter of emulgatoren zoals mayonaise of hollandaisesaus die worden gebruikt om de ingrediënten aan elkaar te binden.
- Vullingen: Om de broodjes een uitgesproken smaak te geven, kunnen vullingen zoals groenten, vleesstukjes of fruit gebruikt worden.
- Dressings: Veel verschillende soorten dressings kunnen worden gebruikt om sandwiches te maken, maar de meest

voorkomende zijn mayonaise, tomatensaus, hollandaise en vinaigrette. De dressing wordt gemengd met de vulling en kan ook bij de gerechten geserveerd worden.

1. VEGAN HUMMUS SANDWICH

Ingrediënten voor 1 Porties

- 2 sneetjes / n Brood (volkorenbrood)
- 2 el, opgehoopte hummus
- 3 plakjes komkommer
- 2 plakjes tomaat
- 2 sneetjes / Avocado(s)
- $\frac{1}{4}$ Belastingen Luzernespruiten
- $\frac{1}{4}$ Belasting Wortel(s), geraspt

Voorbereiding

1. Rooster het brood en smeer er 1 eetlepel hummus op. Bedek met de overige ingrediënten en serveer.

2. SUPER LEKKERE VEGAN SANDWICH

Ingrediënten voor 2 Porties

- 2 sneetjes boerenbrood
- 1 avocado('s)
- ½ dosis kikkererwten
- ½ theelepel komijn
- ½ theelepel rasel hanout
- olijfolie
- zout en peper
- 1 handvol spruiten

Voorbereiding

2. Verhit eerst een beetje olijfolie in een pan voor deze ultieme vegan sandwich en schroei het brood dicht
aan beide kanten. Daarna wordt het eruit gehaald en worden de kruiden erin gegoten totdat ze beginnen te sissen en ruiken. Vervolgens worden de kikkererwten toegevoegd en ongeveer 5 minuten geroosterd, daarna goed gezouten en gepeperd.
3. De avocado wordt in plakjes gesneden en licht gepureerd op de sneetjes brood. Daarna wordt de sandwich belegd met de spruitjes en kikkererwten.

3. TOAST MET SPELTJES

Ingrediënten voor 1 Porties

- 600 g speltmeel, type 630
- 390 ml lauw water
- 80 g plantaardige olie, smaakloos
- 13 g zout
- 14g suiker
- 18 g gist

Voorbereiding

1. Los de gist op in het water. Doe de overige ingrediënten in een mengkom, voeg het gistwater toe en kneed vervolgens met de

mixer of de keukenmachine (ik laat het deeg ruim 5 minuten kneden met de machine).
Laat het deeg dan minimaal 30 minuten rijzen in de kom, maar beter 1 uur (soms moet het gewoon wat sneller gaan).

2. Haal vervolgens het deeg uit de kom en kneed het nogmaals goed met de hand. Verdeel het deeg vervolgens in 4 stukken, kneed de segmenten nog een keer kort, vorm een bal en leg ze naast elkaar in een met bakpapier beklede of ingevette cakevorm (30 cm broodvorm). Laat weer los. Idealiter tot het deeg de rand van de pan heeft bereikt (maar ook hier minimaal 30 minuten). Als het brood maar kort moet staan, snijd het dan doormidden zodat het niet aan de zijkanten openscheurt! Verwarm de oven voor op 210°C boven-/onderwarmte, voeg dan het brood toe en bak 10 - 15 minuten op 210°. Schakel het dan terug naar 180°C en bak in 30 minuten af. Als je niet zeker weet of het klaar is, klop dan op de zijkant. Als het hol klinkt, is het klaar. Meteen uit de vorm vallen en laten afkoelen.

4. VEGANS TONIJNSANDWICH

Ingrediënten voor 2 Porties

- 2 baguette(s), zielen of soortgelijk, vegan
- 1 dosis jackfruit
- 100 g kikkererwten, gekookt ⬜ 4 g zeewier (nori-algen)
- 1 sjalot
- 1 komkommer(s)
- 75 g soja kwark (quark alternatief)
- 1 theelepel mosterd
- 2 tl sojasaus
- 2 DE mayonaise, vegan
- 1 theelepel zout
- ½ theelepel peper
- ½ theelepel dille

- Sla, tomaat, komkommer, ui

Voorbereiding

1. Snijd de zielen of baguettes aan de zijkanten in de lengte door zodat je ze kunt ontvouwen maar niet helemaal openmaken.
2. Giet de jackfruit af en doe in een kom met de kikkererwten. Pureer beide met een aardappelstamper. Snijd indien nodig de stevige stukken van de jackfruit met een mes in kleine stukjes.
3. Pel de sjalot en snij in fijne blokjes zoals de augurken. Doe beide met de overige ingrediënten in de kom en meng goed.
4. Leg de zielen met sla, tomaat, komkommer, uien, etc. naar smaak en giet het "tonijn" mengsel erbij.

5. VEGANS PASTRMI SANDWICH

Ingrediënten voor 1 Porties

- 2 sneetjes / n brood
- 6 sneetjes/n pastrami, vegan
- 1 augurk)
- 1 Slablad
- 1 mayonaise, vegan
- 2 theelepels mosterd
- 1 theelepel agavesiroop

Voorbereiding

1. Snijd de komkommer in de lengte in dunne plakjes. Rooster de sneetjes brood in de broodrooster. Als de pastrami lauw wordt

gegeten, verwarm deze dan ongeveer 30 seconden in de magnetron voordat u het brood belegt. Dan wordt het weer wat elastischer en kan het beter opgevouwen worden. Meng de mosterd en agavesiroop tot een dressing.
2. Bestrijk de onderste snee brood met de mayonaise en bedek de een na de ander met sla, pastrami en plakjes komkommer. Sprenkel de mosterddressing erover en leg de bovenste snee brood erop.

6. PLOWMAN'S VEGAN MET QUORN PLAKJES

INGREDINTEN

- 8 sneetjes Vegan Smokey Ham Free Quorn
- 100 g Violife Epic Mature Cheddar Flavour Block in 8 plakjes gesneden.
- 4 sneetjes rogge- of zuurdesembrood
- 1 appel
- 4 eetl. naar c. van relish of Ploughman's augurk
- 4 eetl. naar s. veganistische mayonaise
- Een handvol waterkers of erwtenscheuten voor garnering

Voor de ingelegde uien:

- 1 rode ui
- 1 C. tot c. zout
- 100 ml rode wijnazijn

VOORBEREIDING

1. Voor de gemarineerde uien, schil en snijd de rode ui in ringen en doe deze in een grote kom.
2. Bedek de uien met vers gekookt water en laat 5 minuten trekken.
3. Giet vervolgens de uien af, spoel ze af met koud water, voeg het zout toe en bedek ze met rode wijnazijn. Laat 20 minuten marineren.
4. Om de open sandwiches te bereiden, besmeer je elke boterham met vegan mayonaise en beleg je ze met twee sneetjes Quorn Vegan Smoky Ham Free en twee sneetjes Violife Epic Mature Cheddar Flavour Block.
5. Snijd de appel in dunne plakjes. Voeg ze toe aan elke sandwich met een theelepel Ploughman's augurk.
6. Giet de ingelegde uien af, voeg ze toe aan elke sandwich en garneer met waterkers.

7. VEGAN HAM QUORN ROLLS EN KAASVERVANGER

Ingrediënten

- 8 sneetjes Vegan Smokey Ham Free Quorn
- 4 sneetjes Violife Smoky Cheddar Flavor
- 150 g Violife Romige originele smaak
- 2 tortillawraps
- Een handvol fijngehakte verse bieslook
- 1 lente-ui, gesnipperd voor garnering

Voorbereiding

1. Doe de Violife Romige Smeerbare Kaasvervanger in een kom. Meng de fijngehakte bieslook erdoor.

2. Verdeel de bieslookroom gelijkmatig over de tortilla's.
3. Leg een plakje Quorn Smoky Ham Free op de smeerkaas in het midden van de tortilla en voeg dan een plakje Violife Smoky Cheddar Flavour toe. Herhaal dit met de rest van de tortilla.
4. Rol alles strak op tot een wrap en snijd het in 3 stukken.
5. Serveer gegarneerd met fijngesneden lente-uitjes.

8. QUORN VEGAN NUGGET TORTILLA ROLLEN

Ingrediënten

- 200 g Quorn Vegan Nuggets
- 2 grote tortilla's voor hele maaltijden
- 70 g verse vegan kaas
- ½ geraspte wortel
- 45 g suikermaïs
- 1/3 fijngesneden rode peper

Voorbereiding

1. Kook de vegan nuggets volgens de aanwijzingen op de verpakking.
2. Verdeel het hele maaltijdmeel gelijkmatig met roomkaas. Verdeel de geraspte wortel,

suikermaïs en rode peper over de tortilla's en leg 5 vegan Quorn-nuggets in het midden.
3. Wikkel de tortilla's stevig in, snijd de uiteinden af, snijd elke tortilla in 8 stukken en serveer.

9. QUORN WORSTWraps

Ingrediënten

- 5 Quorn Vegetarische Chipolata's
- 2 eetlepels. naar s. boter
- ½ kleine rode kool, in dunne plakjes gesneden
- 2 eetlepels. naar s. rietsuiker
- 1 rode appel, in dunne schijfjes
- 3 eetl. naar s. balsamico azijn
- 1 C. tot c. nootmuskaat
- 50 ml water
- 5 tortilla's wraps
- 5 c. bij s. van cranberrysaus
- 100 g rucolablaadjes
- 160 g brie, in plakjes

VOORBEREIDING

1. Verwarm de oven voor op 190°C / thermostaat 5.
2. Smelt de boter in een grote pan op middelhoog vuur. Voeg de rode kool toe en laat alle blaadjes weken in de gesmolten boter. Fruit zachtjes 5 minuten.
3. Voeg de suiker, appelschijfjes, azijn en nootmuskaat toe. Goed mengen alvorens af te dekken en te laten sudderen. Voeg na 15 minuten het water toe en kook op laag vuur, onder regelmatig roeren nog eens 15 minuten, tot de kool gaar is.
4. Bak ondertussen de Quorn vegetarische worstjes goudbruin volgens de aanwijzingen op de verpakking. Laten afkoelen.
5. Smeer een eetlepel cranberrysaus op elke tortilla en voeg dan een eetlepel gesmoorde kool toe. Bestrooi met rucola en leg er een hele worst op, evenals de plakjes brie. Rol de tortilla op om een strakke wrap te krijgen.
6. Snijd elke wrap in 4 stukken en steek vast met tandenstokers of halveer en serveer op een bord met rucola.

10. QUORN VISVRIJ STICKS WRAP BITES

INGREDINTEN
- 1 paquet de Quorn Visvrije Sticks
- 3 eetl. naar s. lichte vegan mayonaise
- 3 eetl. naar s. ketchup
- 5 grote volkoren tortilla's
- 2 grote blaadjes ijsbergsla, in dunne reepjes gesneden

VOORBEREIDING
1. Kook de Quorn Vegan Fish-Free Sticks volgens de aanwijzingen op de verpakking.
2. Meng de mayonaise en ketchup in een kom. Verdeel dit mengsel over de 5 tortilla's en vervolgens over de ijsbergsla. Leg op elke wrap 2 Quorn Vegan Fish-Free Sticks en rol ze op. Snijd de uiteinden van elke wrap af en snijd ze in 3 gelijke delen.

11. VEGAN QUORN BAGUETTE MET KIP CURRY SALADE

INGREDINTEN

- 375 g vegan quorn curry stijl kipsalade
- 2 stokbroden
- 50 g mesclun
- 16 cocktailtomaten
- Verse basiliek
- Zwarte peper

VOORBEREIDING

1. Snijd de baguettes doormidden en vervolgens horizontaal om de vulling te plaatsen.

2. Vul ze met salade, vegan curry chickenstyle Quorn en gehalveerde cocktailtomaten.
3. Breng op smaak met verse basilicum en zwarte peper.

12. HETE LUCHT GEBAKKEN QUORN VEGAN NUGGET TACOS EN CHIMICHURRI

INGREDINTEN

- 1 pakje Quorn vegan nuggets
- 3/4 kop fijngehakte verse koriander
- 1/4 kopje olijfolie
- 1 C. tot c. limoenschil
- 1/4 kopje limoensap
- 1 jalapeño peper, geschild en fijn gesneden
- 1 teen knoflook, gesnipperd
- 1/2 theel. naar c. gedroogde oregano
- 1/2 theel. naar c. zout
- 6 maïstortilla's (15 cm), opgewarmd

- 1 avocado, geschild, ontpit en in blokjes gesneden
- 1/3 kop gehakte rode ui

METHODE

1. Stel de heteluchtfriteuse in op 200 °C volgens de bereiding van de fabrikant. Vet de frituurmand royaal in. Plaats de Quorn vegan nuggets in 2 porties in het mandje (zonder het te veel te vullen). Frituur ze, keer ze na 5 minuten, gedurende 10 tot 12 minuten of tot ze goudbruin zijn.
2. Maak ondertussen de chimichurrisaus door de koriander, olijfolie, limoenschil, limoensap, jalapeño peper, knoflook, oregano en zout te mengen.
3. Serveer de nuggets in de tortilla's met avocado, chimichurri en rode ui.

13. VEGAN QUORN PÂTÉ APERITIEF SNACKS

INGREDINTEN

- 250 g vegan Quorn paté
- 120 g crostini
- 200 g stokbrood
- 200 g roggebrood
- Erwtenscheuten
- Cherry-tomaten
- Verse kruiden
- Peper

VOORBEREIDING

1. Snijd het stokbrood in sneetjes en het roggebrood in driehoekjes.
2. Snijd de cherrytomaatjes doormidden.
3. Besmeer met vegan Quorn paté en garneer met erwtenscheuten, cherrytomaatjes, chilipepers en verse kruiden.

14. QUORN ZUIDELIJKE VEGETARISCHE BURGERWRAPS

INGREDINTEN

- 1 pak. Of Quorn Vegetarisch in Zuidelijke Stijl
  Hamburgers
- 2 tortilla's
- 1 handvol sla, in reepjes gesneden
- 2 tomaten, in blokjes gesneden Romige Pepersaus:
- 125 ml mayonaise, licht indien beschikbaar
- ½ theelepel. naar c. zwarte peper
- 1 C. tot c. citroensap

VOORBEREIDING

1. Kook Quorn Vegetarische Burgers in Zuidelijke Stijl volgens de aanwijzingen op de verpakking.
2. Meng de mayonaise met de zwarte peper en het citroensap.
3. Smeer 1 tot 2 eetlepels romige pepersaus op een verwarmde tortilla.
4. Schik de slareepjes en tomatenblokjes in het midden van de tortilla en garneer de salade met warme Southern Style Burgers van Quorn. Rol en geniet!

15. QUORN VEGETARISCH GEHAKT BURRITO, ZOETE AARDAPPEL, ZWARTE BOON EN CHIPOTLE PEPER

INGREDINTEN

Voor de zoete aardappel:

- 1 zoete aardappel, geschild en in blokjes van ongeveer 2,5 cm gesneden
- 1 C. tot s. olijfolie
- 1 C. tot c. chipotle pepervlokken
- 1 C. tot c. gerookte paprika

Voor de chili:

- 2 pakjes Quorn Vegetarisch Gehakt
- 1 C. tot s. olijfolie

- 1 witte ui, fijngesnipperd
- 4 teentjes knoflook, geperst
- 1 C. tot c. gemalen komijn
- 1 C. tot c. gemalen koriander
- 1 C. tot c. gerookte paprika
- 2 eetlepels. naar c. chipotle peperpasta
- 400 g tomatenblokjes
- 1 C. tot s. tomatenpuree
- 400 g zwarte bonen uit blik, uitgelekt
- Zout en peper (naar smaak) Voor de salsasaus:
- 200 g cherrytomaatjes
- ¼ ui, fijngesnipperd
- ½ grote rode paprika, zonder zaadjes en fijngesneden
- 1 C. tot c. extra vergine olijfolie
- Zout en peper naar smaak)

Serveren :

- 4 grote volkoren bloemtortilla's
- 200 g gekookte langkorrelige rijst
- Verse koriander, fijngehakt
- Ijsbergsla
- Avocado in plakjes gesneden
- Geraspte kaas
- Zure room of crème fraîche

VOORBEREIDING

1. Verwarm je oven voor op 180°C / thermostaat 4. Schik de in blokjes gesneden zoete aardappelen op een bakplaat en voeg dan de olijfolie, de gerookte paprika en de chilivlokken toe. Bak halverwege 20 minuten. Bereid ondertussen de chili voor.
2. Giet de olie in een sauteerpan en verwarm deze op een bord op middelhoog vuur. Voeg de uien toe en bak 2-3 minuten. Voeg de knoflook en de komijn, koriander, gerookte paprika en chili toe en kook nog 2 minuten. Voeg tot slot de tomatenblokjes, tomatenpuree en Quorn-gehakt toe. Kook gedurende 10 minuten.
3. Haal intussen de zoete aardappel uit de oven. Voeg de zwarte bonen en de geroosterde zoete aardappel toe aan de chili en kook nog 5 minuten. Haal van het vuur.
4. Om de salsasaus te bereiden, combineer je alle ingrediënten in een kom en zet je apart.
5. Verwarm vier grote volkoren tortilla's onder de grill of in een sauteerpan op laag vuur om de burrito's te bereiden. Leg ze vervolgens plat en verdeel de rijst, koriander, chili, salsasaus, sla, avocado, geraspte kaas en room gelijkmatig. Om de burrito te vouwen, vouwt u een kant over het midden van de burrito en

vouwt u stevig met uw vingers om een rol rond de vulling te vormen.

Vouw elke kant naar het midden van de burrito en rol hem vervolgens op totdat hij strak zit. Plaats de naad van de twee randen naar de plaat gericht. Snijd de burrito voor het serveren doormidden.

16. VEGETARISCHE BURRITOS

INGREDINTEN

- 6 Quorn Vegetarische Chipolata's
- ½ theelepel. naar s. lichte margarine
- 8 middelgrote scharreleieren, losgeklopt
- ¼ theelepel. naar c. zout
- ¼ theelepel. naar c. zwarte peper
- 4 volkoren wraps
- 40 g gewassen babyspinazie
- 2 avocado's, geschild, ontpit en in plakjes
- 100 g cherrytomaatjes, gehalveerd
BEREIDING

1. Kook de Quorn Chipolata's volgens de aanwijzingen op de verpakking. Snijd elke worst in 4 en zet apart.
2. Verhit een koekenpan op middelhoog vuur. Voeg de margarine toe. Als het gesmolten is, voeg je de losgeklopte eieren, zout en peper toe. Kook de eieren, onder voortdurend roeren, tot het mengsel dikker wordt en roert. Haal van het vuur en zet opzij.
3. Verwarm de wraps in een koekenpan en leg ze vervolgens op een schone snijplank of aanrechtblad. Beleg elke wrap met spinazie, avocado, cherrytomaatjes, roerei en plakjes Quorn chipolata. Oprollen en dichtvouwen.

17. IN STUKJES GEMAAKTE QUORN FAJITAS MET MANGOSAUS

INGREDINTEN

- 175 g vegetarische Quorn
- 1 C. tot s. plantaardige olie
- ½ gesnipperde ui
- ½ rode paprika, fijngesneden
- 1 teen knoflook, geplet
- ½ theelepel. naar c. paprika
- ½ theelepel. naar c. chilivlokken
- ½ theelepel. naar c. chilipoeder
- ½ theelepel. naar c. gemalen komijn
- ½ theelepel. naar c. gemalen koriander
- Halve limoen, rasp en sap
- Saus
- ½ mango, fijngesneden
- ½ rode ui, gesnipperd
- van c. naar c. citroensap
- 2 eetlepels. naar c. mangochutney
- ½ rijpe avocado, geschild, ontpit en in plakjes gesneden
- 2 verwarmde tortilla's
- Verse koriander, fijngehakt

VOORBEREIDING

1. Verhit de plantaardige olie in een grote koekenpan met antiaanbaklaag. Bak de Quorn-

blokjes 5 minuten bruin of totdat ze bruin beginnen te worden. Voeg de uien en paprika toe en kook 5 minuten of tot ze gaar zijn. Voeg de knoflook toe,
2. gedroogde kruiden en limoen. Mix nog 5 minuten zodat de uien zacht zijn.
3. Combineer de mango, rode ui en mangochutney in een slakom. Dek af en plaats in de koelkast.
4. Leg ongeveer 5 avocadoplakken in elke wrap met een klodder van de fajitamix. Bestrooi met mangosaus en bestrooi met verse koriander.
5. Vouw de tortilla stevig dicht en wikkel hem in plasticfolie voor een snack of serveer met een salade en knapperige aardappelpartjes.

18. VEGAN ROOKHAM VRIJE PLAKJES QUORN BAGUETTE

INGREDINTEN

- 3 sneetjes Quorn Vegan Smokey Ham Free plakjes
- stokbrood van 15 cm
- 3 plakjes kaas
- 1 tomaat
- Salade bladeren

VOORBEREIDING

1. Snijd het stokbrood doormidden en verdeel de margarine erover.
2. Snijd de tomaat in plakjes en spoel de salade af.

3. Beleg het stokbrood met kaas, Quorn Vegan Smoky Ham Free Slices, tomaat en salade.

19. BAGEL MET CASHEWCRME EN GEMARINEERDE WORTEL

Ingrediënten

- bagelbroodjes - 4
- wortelen - 3
- rode ui - 1
- cashewnoten - 200 (g)
- soja yoghurt - 1
- rucola - 1 (handvol)
- tomaten - 1
- komkommer - 0.25
- citroen - 1

- bieslook
- sojasaus - 5 (cL)
- neutrale olie - 5 (cL)
- zout
- peper

Voorbereiding

1. Bereid de wortelen: Schil ze en kook ze in de oven, heel op een bakplaat met bakpapier, gedurende 30 minuten op 160 ° C. Ze moeten heel smeltend zijn. Als ze gaar en afgekoeld zijn, snijd ze dan in de lengte in dunne reepjes. Laat ze een nacht (of minimaal 3-4 uur) marineren in de olie, sojasaus en citroensap.
2. Bereid de cashewcrème: Week je cashewnoten een nacht in water, of kook ze 15 minuten in kokend water in een pan. Giet af en meng met de sojayoghurt. Breng op smaak met peper en zout (en citroensap naar smaak).
3. Pel de rode ui, snijd hem in dunne ringen en scheid de ringen. Snijd de bieslook. Snijd de tomaat of komkommer in plakjes als je die hebt.
4. Rooster je bagelbroodjes. Besmeer beide kanten met cashewroom, voeg rucola,

gemarineerde wortelen, rauwe groenten als je wilt en een beetje bieslook toe. Het is klaar!

20. VEGAN HOTDOGS

Ingrediënten

- hotdogbroodjes - 4
- gekookte rode bonen - 200 (g)
- paneermeel - 80 (g)
- tomaten - 1
- erfstuk tomaten - 3
- rode ui
- ketchup
- veganistische mayonaise
- olijfolie
- paprika
- Cayenne peper

- zout
- peper

Voorbereiding

1. Meng de kidneybonen met zout en kruiden. Reserveren in een doodlopende straat.
2. Pel de rode ui en snijd de helft in kleine blokjes. Snijd ook je gewone tomaat in dunne plakjes en voeg alles toe aan je rodebonenmengsel.
3. Werk af met paneermeel om consistentie te krijgen en vorm 4 worstjes.
4. Bereid rauwe groenten: snijd je erfstuktomaten in blokjes en meng ze met een snufje zout. Snijd de andere helft van de ui in dunne reepjes.
5. Kook je rode bonen worstjes in een hete pan met een beetje olie tot ze goudbruin zijn.
6. Rooster je hotdogbroodjes en garneer ze met ketchup en/of mayo, rode bonenworst en rauwkost.

21. TONIJNSTIJL VEGAN MAYONAISE SANDWICH

Ingrediënten

- sla - 4 (bladeren)
- sandwichbrood - 8 (sneetjes)
- peper
- zout
- verse bieslook - 0.25 (bos)
- balsamico azijn - 1 (el)
- vegan mayonaise - 125 (ml)
- gekookte maïs - 130 (g)
- gekookte kikkererwten - 260 (g)

Voorbereiding

1. In een slakom: plet de kikkererwten met een pureestamper. Het hoeft niet perfect geplet te worden, het is aan jou!
2. Voeg de mayonaise en maïs toe. Voeg vervolgens de azijn en de gehakte bieslook toe. Kruid met peper en zout.
3. Leg de vulling en de sla in je sneetjes brood. Sluit je boterhammen en snijd ze in 4! Het is klaar!

22. RUNNY MAGE EN SPINAZIE SANDWICH

Ingrediënten voor 4 boterhammen:

- 8 sneetjes brood
- 1 kopje babyspinazie
- Gekarameliseerde uien met tijm
- 100 g ongezouten, ongebrande cashewnoten
- 25 g tapiocazetmeel (te vinden in biologische winkels)
- sap van 1/2 citroen
- 2 eetlepels. naar s. gemoute gist
- 1/2 theel. naar c. knoflook poeder
- 1/2 theel. naar c. zout
- 1/2 theel. naar c. witte peper
- 180 ml water

Voorbereiding:

1. Week de cashewnoten de dag ervoor.
2. Giet de cashewnoten af en giet ze in de blender en de rest van de ingrediënten. Meng tot een homogeen en glad preparaat is verkregen.
3. Breng het resulterende mengsel over in een kleine steelpan en kook 2-3 minuten op middelhoog vuur tot de magiër dikker wordt. Roer tijdens het koken constant met een garde zodat het niet aanbakt. De bereiding moet er een beetje plakkerig uitzien.
4. Sneetjes brood roosteren, bedekken met een mooi laagje kaas, gekarameliseerde uitjes en babyspinazie, of je favoriete ingrediënten. Eet smakelijk

23. VEGAN CLUBSANDWICH

Ingrediënten voor 4 boterhammen:

- 12 sneetjes volkoren broodkruim
- groentemayonaise
- 2-3 tomaten
- 1 komkommer
- dun gesneden gemengde salade of blaadjes ijsbergsla
- 150 gr de tofu
- Voor de groentemayonaise:
- 100 ml sojamelk
- zonnebloemolie
- 1 eetlepel mosterd
- 1/2 citroen
- 1 snufje zout

- optioneel: 1 snufje kurkuma

Bereiding van groentemayonaise

1. Klop de sojamelk met een elektrische garde en voeg voorzichtig de olie toe tot het mengsel dikker wordt. Voeg de mosterd, citroen en kurkuma toe. Zout.

Bereiding van sandwiches

2. Verhit in een pan een beetje olijfolie. Snijd de tofu in plakjes en bruin in de pan met een beetje sojasaus. Schil de komkommer, zout en laat 20-30 minuten uitlekken in een vergiet. Grondig spoelen.
3. Was de tomaten en snijd ze in plakjes.
4. Meng in een diep bord de slablaadjes met een beetje mayonaise.
5. Rooster de sneetjes sandwichbrood.

Om de sandwich samen te stellen:

1. Leg mayonaise, aangebraden tofu, plakjes tomaat en komkommer op twee sneetjes brood. Leg de sneetjes op elkaar en sluit de sandwich met een derde sneetje broodkruim. Snijd de sandwich diagonaal door zodat je 2 driehoeken krijgt en doe hetzelfde om de andere sandwiches samen te stellen. Ik vergezelde de kleine

rozemarijnaardappelsandwiches met de plakjes tomaat en komkommer die ik nog had. Zelfs de kinderen aten de salade, dat zegt genoeg!

24. CLUB SANDWICHES - EEN SUPER GOURMET 100% PLANTAARDIG RECEPT!

Ingrediënten voor 3 clubsandwiches:

- 9 sneetjes volkoren brood, of brood naar keuze
- 15 plakjes vegan bacon
- 300 g stevige witte tofu
- 2 eetlepels. naar s. sojasaus
- 1 C. tot c. kurkuma
- 1 C. tot c. zwart Himalayazout Kala Namak
- Peper
- 2 eetlepels. naar s. olijfolie
- Keuze uit groene slablaadjes (liefst heel groene blaadjes)

- 1 geraspte wortel
- 3 tomaten
- Veganistische mayonaise
- Mosterd

Voorbereiding:
1. Roerei: verkruimel de tofu met een vork.
2. Verhit de olijfolie in een pan en giet de verkruimelde tofu met de sojasaus, kurkuma, zwart zout en een beetje peper. Mix en laat twee minuten op laag vuur staan.
3. Was de slablaadjes, was en snijd de tomaten in plakjes, schil en rasp de wortel.
4. Verwarm de sneetjes brood.
5. Voeg 1 theelepel toe. naar c. van mosterd in mayonaise, goed mengen. Verdeel de mosterdmayonaise over 6 sneetjes brood.
6. Schik de salade en een beetje wortel op elke plak.
7. Bedek met roerei.
8. Leg 2 plakjes plantaardig spek op de eieren.
9. Voeg een paar plakjes tomaat toe en een lekker scheutje mayonaise.
10. Leg twee gegarneerde plakken op elkaar en sluit af met een derde plak. Snijd de sandwiches diagonaal door met een goed mes en serveer.

Zeer goede eetlust!

25. BACON-STIJL TOFU CLUB SANDWICH EN PUTIGNANO WANDELING

Ingrediënten

- 200 g gewone stevige tofu
- 3 eetl. naar s. olijfolie
- 2 eetlepels. naar s. soja- of tamarisaus (glutenvrij)
- 2 eetlepels. naar s. agavesiroop
- 1 C. tot c. gerookte paprika
- 1/2 theel. naar c. knoflookpoeder Voor

2 personen:

- 4 sneetjes volkorenbrood
- 2 eetlepels. naar s. basilicum pesto
- 2 handvol groene slablaadjes

- 1/2 komkommer
- 1 C. tot c. Sesam zaden
- Peper Bereiding:

1. Knijp hard in de tofu om al het water eruit te laten komen. Laat ongeveer 20 minuten onder een gewicht staan. De tofu zal dan beter de smaken van de marinade opnemen. Snijd de tofu in een tofublok in 4 plakjes.
2. Bereid de marinade door olijfolie, sojasaus, siroop, paprika en knoflook te mengen.
3. Schik de plakjes tofu in een schaal en besprenkel rijkelijk met de marinade. Bewaar wat marinade in de kom. Laat 30 minuten aan één kant staan, draai om en laat nog 30 minuten staan.
4. Bak de tofu-plakjes 20 minuten op 210°C. Halverwege de bereiding omdraaien.
5. Broodjes samenstellen: verdeel de pesto over twee sneetjes toast en bedek met slabladjes… ..plaats er twee sneetjes tofu op. Bedek met plakjes komkommer en bestrooi met sesamzaadjes. Kruid met peper en sluit de sandwiches.
6. Snijd elk broodje diagonaal door en smullen maar!!

26. GEGRILDE TOFU CLUBSANDWICH

Ingrediënten

voor de tofu

- ahornsiroop - 1 (el)
- olie - 2 (el)
- sojasaus - 3 (el)
- stevige tofu - 150 (g)
- sandwichbrood - 6 (sneetjes)
- mosterd - 1 (el)
- vegan mayonaise - 2 (el)
- vegan kaas - 2 (plakjes)
- tomaten - 2
- sla - 4 (bladeren)

Voorbereiding

1. Bereid de tofu voor: snijd hem in dunne plakjes. Meng in een koekenpan de sojasaus, olie en ahornsiroop.

Verwarm op hoog vuur. Als het mengsel kookt, voeg je de plakjes tofu toe. Bak ze ongeveer 4 minuten aan elke kant, zodat ze goudbruin zijn en het vocht is verdampt.
2. Rooster je sneetjes brood.
3. Snijd de tomaten in plakjes en hak de sla een beetje.
4. Om je clubsandwiches samen te stellen: afwisselend boterhammen belegd met mosterd en vegan mayo, tomaten, sla, gesneden vegan kaas en plakjes gegrilde tofu. Snijd de sandwiches in vieren.

27. KIPPERT TONIJN - SANDWICH

Ingrediënten

- 1 blik middelgrote kikkererwten
- 4 eetl. eetlepels mayonaise vegan gekocht of thuis
- 1/2 lente-ui of sjalot
- 1 stuk bleekselderij
- 1 handvol verse bieslook
- 1 eetl. 1/2 theelepel visserszeewier
- zout, peper, nootmuskaat
- seizoensgroenten
- 1/2 stokbrood

Voorbereiding

1. Plet je kikkererwten met een vork grof: het doel is niet om puree te krijgen.
2. Snijd de bleekselderij en je groenten in dunne plakjes: ze zullen de sandwich fris maken. Afhankelijk van het seizoen tomaten of een beetje rode kool!
3. Meng de kikkererwten met de mayonaise, zeewier, zout, peper en nootmuskaat en de visserssalade (het is optioneel, maar geeft het mengsel een zeesmaak). Zet minimaal een half uur in de koelkast zodat het mengsel goed afgekoeld is.
4. Snijd een mooie traditie doormidden, besmeer met mayonaise en garneer!

28. GEZOND VEGAN SANDWICHE

Ingrediënt

- 300 g jonge jackfruit, naturel of gepekeld
- 1 ui
- 1-2 teentjes knoflook
- 1/2 blokje groentebouillon
- 1/2 theelepel gemalen komijn
- 1/2 theelepel gerookt paprikapoeder
- Barbecuesaus (ongeveer 80-100 ml) ▢ 1 eetlepel ongeraffineerde rietsuiker
- Olijfolie
- Zout peper
- 2 rollen
- Rucola of slablaadjes

- Huisgemaakte yoghurtsaus (groenteyoghurt + mosterd + kruiden)
- of vegan mayonaise

Voorbereiding

1. Spoel je stukjes jackfruit goed af (vooral in het geval van een blikje in pekel) en laat ze goed uitlekken. Je kunt ze beginnen te pureren met een vork om de zachtere vezels te scheiden.
2. Verhit een beetje olijfolie in een koekenpan en fruit de gesnipperde ui en knoflook enkele ogenblikken.
3. Giet de stukjes jackfruit erbij, bestrooi met paprikapoeder en komijn en bak een paar minuten zodat de stukjes goed bedekt zijn en ze lichtbruin beginnen te worden.
4. Voeg het 1/2 bouillonblokje en een heel klein beetje water toe, roer goed door. Breng aan de kook en laat een paar minuten sudderen, af en toe roeren, zodat de vloeistof vermindert. Nu de stukjes zachter zijn, kun je alles weer fijnprakken met een vork voor een meer rafelig effect.
5. Voeg tot slot de suiker en de barbecuesaus toe: roer goed om het geheel te bedekken en laat opnieuw ongeveer 15 minuten sudderen,

onder regelmatig roeren om de hele bereiding in te perken.
6. Als het koken klaar is, serveer je je pulled jackfruit op rolletjes met rucola en een beetje yoghurtsaus of mayonaise, eventueel vergezeld van gebakken aardappelen. Het is klaar !

29. CLUBSANDWICH ALS EEN TONIJNMAYO! [VEGETARISCH]

Ingrediënten:

- 1 klein blikje witte bonen of kikkererwten (250 g uitgelekt)
- 2 eetlepels mayonaise
- 1 theelepel mosterd
- 1 sjalot, gesnipperd
- 1 eetlepel citroensap
- 1 theelepel gehakte kappertjes (optioneel)
- 1 theelepel gehakte dille (optioneel)
- 1 theelepel Amerikaanse augurken, in kleine stukjes gesneden (optioneel)

- Zout, peper, chili
- Rauwe groenten (salade, tomaat, gekiemde zaden, geraspte wortelen, komkommer ...)
- 4 sneetjes volkorenbrood

Voorbereiding

1. Spoel de witte bonen/kikkererwten af en laat ze uitlekken.
2. Pureer ze met een vork of aardappelstamper, maar laat stukjes achter.
3. Meng alle ingrediënten: mayonaise, mosterd, sjalot, citroensap, kappertjes, dille, augurk ...
4. Proef en breng zo nodig op smaak met zout, peper en chili.
5. Rooster de sneetjes brood.
6. Stel de sandwiches samen met de rauwe groenten!
7. Je kunt het mengsel van tevoren bereiden, het wordt alleen maar beter, je hoeft alleen de sandwich op het laatste moment in elkaar te zetten.

30. TOMAAT EN KOMKOMMER SANDWICH CAKE MET BASILICUM

Ingrediënten (voor ongeveer 6 personen)

- 5 Zweedse broden
- 300 g verse Philadelphia-type kaas
- 300 g kwark blanc
- ½ komkommer
- 1 ronde tomaat
- Cherrytomaten (van verschillende kleuren) en radijs om te versieren
- Een klein bosje bieslook en basilicum
- Zout- en pepermolen

Voorbereiding:

1. Meng de kazen in een slakom, zout en peper.
2. Doe de helft van de bereiding in een andere kom om de basilicum te hakken.
3. Snijd de ronde tomaat in kleine blokjes en de gepelde komkommer in dunne plakjes (met een mandoline is het snel en praktisch).
4. Leg een Zweeds brood op je bord, besmeer met kaas en basilicum, schik de helft van de tomatenblokjes.
5. Herhaal de gelaagdheid van brood, kaas, plakjes komkommer, enzovoort, behalve voor het laatste brood.
6. Als de verschillende lagen gevormd zijn, bedek je de sandwich helemaal met de andere slakom kaas (zonder de basilicum).
7. Versier de bovenkant met cherrytomaatjes, schijfjes radijs en

kleine basilicumblaadjes en bedek de rand met bieslook (dit is de langste).
8. Reserveren in de koelkast.
9. Het is beter om het niet de dag van tevoren te bereiden om de broden te laten weken.

31. KIP EN FRIET SANDWICH MET MOSTERDSAUS (VEGAN)

Ingrediënt

- 1 notenbroodje
- 2 slablaadjes (sla)
- Mosterd saus
- 1 groente gepaneerde kipfilet - 100 gr (Viana)
- 2 plakjes plantaardige kaas (Cheddar - tofutti)
- Matchstick frietjes
- Zout, peper (naar smaak)

Voor de mosterdsaus (ongeveer 25 cl):

- 20 cl plantaardige kookroom (haver, soja, rijst)
- 1 eetlepel aardappelzetmeel
- 2 eetlepels mosterd
- Zout, peper (naar smaak)
- 1/2 theelepel kerriepoeder
- 1 tl witte wijn

Voorbereiding

1. Meng de groenteroom met het aardappelzetmeel, mosterd, zout, peper, kerrie en witte wijn in een pan.
2. Zet de pan op laag vuur en mix met een garde tot het dik is. Haal van het vuur en laat de saus volledig afkoelen om een spuitzak te garneren.

Voor de boterham:

1. Doe de gepaneerde kipfilet in een pan met een beetje olijfolie goudbruin.
2. Snijd het brood doormidden.
3. Leg de 2 slabladjes op het onderste deel van het brood.
4. Bedek de salade met de mosterdsaus met behulp van de spuitzak.
5. Leg vervolgens de goed gebruinde gepaneerde kipfilet, gehalveerd (kruiselings).

6. Leg 2 plakjes cheddar kaas op de kip.
7. Werk af met zeer hete luciferfriet, peper en zout (naar smaak), opnieuw mosterdsaus en sluit de sandwich af met het andere deel van het brood.

32. SANDWICH MET GEPANEERDE VIS VINGERS EN TARTAARSAUS (VEGAN)

Ingrediënt

- 1 ontbijtgranen broodje
- 2 eetlepels tartaarsaus
- 3 gepaneerde plantaardige vissticks
- 1 plakje plantaardige kaas
- 2-3 slablaadjes (Blonde Oak) Voor de

tartaarsaus (voor 190 gr):

- 1 potje groentemayonaise
- 1 tl citroensap
- 1 el mosterd
- 2 eetlepels fijngehakte augurken

- 1 el gehakte kappertjes
- 1 eetlepel gehakte verse bieslook
- Zout, peper (naar smaak)

Voorbereiding

1. Meng alle ingrediënten krachtig door elkaar met een handgarde.

Voor de boterham:

2. Doe de gepaneerde vissticks in een pan met een beetje olijfolie zodat ze goudbruin zijn.
3. Snijd het brood doormidden.
4. Bestrijk de bodem van het brood met een laagje tartaarsaus.
5. Leg de 3 gepaneerde vissticks erop.
6. Bedek de vis met een plakje kaas, met een tweede laag tartaarsaus.
7. Werk af met enkele eikenbladeren en sluit de sandwich af met het andere deel van het brood.

33. ULTRASNELLE EN GEZONDE SANDWICH

Ingrediënt

- 1 kleine gluten
- gratis sesam-papaver stokbrood - 2 kleine verse champignons
- 1 handvol jonge scheuten
- 3 of 4 gekonfijte tomaten
- 1 handvol pijnboompitten
- Tartimi van knoflook en fijne kruiden
- 1 scheutje plantaardige melk

Voorbereiding

1. Snijd het brood in de lengte door en doe het in een broodrooster en laat het afkoelen.
2. Meng ondertussen 1 ronde eetlepel tartimi met een scheutje plantaardige melk en klop

krachtig om een saus te maken, niet te vloeibaar of te dik, zet opzij.
3. Besmeer het brood met Tartimi, voeg de jonge scheuten toe aan de helft van het brood en voeg een beetje saus toe.
4. Borstel de champignons, verwijder de steeltjes en snijd de champignons in dunne plakjes en leg ze op de salade.
5. Voeg de saus toe aan de champignons.
6. Snijd de gekonfijte tomaten, voeg de pijnboompitten toe, voeg de rest van de saus toe.
7. Sluit de sandwich en geniet!

34. HUMMUS SALADE VOOR WINTERSANDWICH [VEGAN]

Ingrediënt

Voor de hummussalade

- 35 g gekookte kikkererwten
- 4 eetlepels hummus
- 2-3 eetlepels vers geperst citroensap (afhankelijk van je smaak / gewenste textuur)
- 2 kleine lente-uitjes (verse ui)
- 1 kleine wortel (of ½ groot)
- 1 tl mosterd
- Van Espelette
- Een snufje fijn zout

Voor de boterham

- 2 sneetjes sandwichbrood (met ontbijtgranen)
- ½ kleine rauwe biet
- van augurken
- Van gomasio (optioneel)
- Cherrytomaat (geen seizoen maar ik kan bijna niet zonder! ;)

Bereiding van de salade

1. Maak de wortel schoon (schil hem indien niet biologisch) en rasp hem. Maak de lente-uitjes schoon en hak ze fijn.
2. Meng in een kom alle ingrediënten voor de hummussalade. Doseer het citroensap naar uw smaak en de gewenste textuur. Je kunt eventueel verlengen met een beetje water; pas dan op dat u de smaak en smaak niet verliest om indien nodig opnieuw te kruiden

Sandwich montage

1. Rooster eventueel het sandwichbrood met de broodrooster. Maak de rode biet schoon, schil en rasp (zelfs biologisch, ik vind deze groente zo moeilijk goed schoon te maken dat ik hem liever schil).
2. Leg de helft van de hummussalade op een sneetje boterham. Voeg de geraspte rauwe

biet, augurken toe. Bestrooi met gomasio. Voeg de andere helft van de hummussalade toe.
3. Sluit de sandwich af met de tweede boterham. Prik 2 tandenstokers aan beide uiteinden van de sandwich, snij diagonaal aan de andere twee uiteinden en plant de cherrytomaat(en) op de tandenstoker(s).

35. KOMKOMMERSANDWICH VOOR APERITIEF

Ingrediënten (voor ongeveer vijftien sandwiches)

- 15 sneetjes wit brood
- 1 komkommer
- 150 g slagroom
- roomkaas dille
- Zout peper

Voorbereiding:

1. Doe de opgeklopte kaas in een kom met de gehakte dille.
2. Zout, peper en meng goed.
3. Schil de komkommer en snijd hem in stukken ter hoogte van de koekjesvormer.
4. Snijd de secties in de lengte in plakjes.

5. Maak de gewenste vormen met behulp van een koekjes uitsteker in de plakjes komkommer en sneetjes sandwichbrood (2 vormpjes per plak).
6. Verdeel het brood en leg de komkommer in het midden.
7. Schik je boterhammen op je presentatiebord en zet apart in de koelkast. 8. Broodje komkommer voor aperitief
9. Bewaar het paneermeel voor het maken van paneermeel en de randen van de plakjes voor het maken van croutons.

36. SANDWICHES POLAR BROOD EN GROENTE ZALM

Ingrediënt

- 1 pakje poolbrood
- 1 potje Sour Supreme Tofutti verse room
- 1 pakje plantaardige zalm
- lente-uitjes (vers uit de tuin)
- 1 mini-komkommer (die van zijn voet was gevallen)
- zout peper bereiding

1. Smeer verse tofutticrème op je sneetjes brood, het heeft de bijzonderheid dat het erg dik is, neem anders de nieuwe producten die op de markt zijn met kruiden en soja.

2. Snijd vervolgens je komkommer en uien, en verdeel over je spreads, zout en peper
3. leg je plakjes vegetarische zalm op het brood, snijd diagonaal door en geniet voor je computer (of je tv).
4. Eet smakelijk.

37. MINI BAGUETTEN MET ZADEN EN GRANEN

Ingrediënten voor 8 Mini Baguettes:

- 1 kg BIO meel met Zaden en Granen
- (tarwebloem, roggebloem, speltbloem, boekweitmeel, sesamzaad, milletzaad, bruin lijnzaad, zonnebloempitten)
- 4 zakjes droge bakkersgist van elk 5 gr
- 3 theelepels zout
- 500 ml lauw water

Voorbereiding

1. Doe in een kom de bloem en het zout van de biologische zaden en granen en meng.

2. Maak een kuiltje en doe de gist in het midden ervan.
3. Giet het lauwe water erover en meng met een houten lepel 3 tot 4 minuten, tot het deeg een homogene bal vormt.
4. kneed dan het deeg een beetje met de hand (dit is het deel waar ik van hou!!!)
5. leg een schone doek over de bodem van de kippenkom en laat het deeg 30 minuten rusten op een warme plaats. (Ik zette mijn oven op temperatuur om de warmfunctie op 50°C te houden toen was ik er na 5 minuten. Daarna legde ik mijn deeg te rusten in mijn gesloten oven)
6. vouw de 4 "hoeken" van je deeg terug en herhaal de handeling na een 1/4 draai.
7. draai de deegbal om en laat op een warme plaats nogmaals 45 minuten rijzen.
8. verwarm de oven voor op 210°C met een bakje water erin.
9. verdeel ondertussen je deeg in 8 gelijke deegstukken.
10. neem een deeg, bebloem het indien nodig licht en vorm het in de vorm van een mini-baguette.
11. herhaal de handeling voor elk deegstuk.

12. plaats 4 Mini Baguettes met Zaden en Granen op een bakplaat met antiaanbaklaag en de 4 andere op een 2e bakplaat.
13. Maak met de punt van een keramisch mes lichte inkepingen in de vorm van beugels op elke mini-baguette.
14. Gebruik een siliconenborstel om elke mini-baguette lichtjes nat te maken.
15. bak de 1e bakplaat 30 minuten op 210°C.
16. uithalen zodra het gaar is. Zet vervolgens de 2e bakplaat ook 30 minuten in de oven op 210°C.

38. KLEINE ENGELSE SANDWICH TROTS OP ZIJN SCANDINAVISCHE ARIGINS

Ingrediënten

- Engels broodje brood
- komkommer
- dille
- vegetarische kaviaar (bij ikea)
- St Hubert half zout, of zacht + 1 snufje zout

Voorbereiding

1. verwijder de korst van het brood, je doet er niets mee (je katten moeten er dol op zijn,

toch? de mijne kwam toch als vissen in een aquarium tijdens de maaltijd), besmeer met de St Hub, bestrooi met dille, smeer de Vegetarische kaviaar erop, bedek met plakjes komkommer (in de lengte doorgesneden), leg ook een sneetje brood terug! bovenop.

39. SPECIALE VEGETARISCHE SANDWICH

Ingrediënten:

- 6 sneetjes Harry's zacht 7-granen brood ☐ 6 eieren.
- 10 cl melk ☐ Zout peper.
- 2 grote wortelen.
- 1 mooie courgette.
- 1 ui.
- 30 gram boter.
- 2 eetlepels zonnebloemolie.
- 10 takjes bieslook.
- 1 mooie tomaat.
- 4 plakjes Emmentaler.
- 3 eetlepels mosterd naar keuze.

Voorbereiding

1. Was de courgette. Schil de wortelen en ui. Rasp de wortel, courgette en ui met een grove rasp.
2. Smelt in de pan de boter met een eetlepel olie op redelijk hoog vuur. Voeg de groenten, zout en peper toe en kook, af en toe roerend gedurende 5 tot 7 minuten.
3. Klop ondertussen de eieren los, voeg de melk toe. Snijd de bieslook. Roer alles. Giet over de groenten. Kook ongeveer 5 tot 8 minuten, roer een of twee keer.

Dressuur:

1. Snijd de tomaat na het wassen in plakjes.
2. Smeer mosterd op 1 kant van elk sneetje brood. Leg op een van de plakjes 1 plak Emmentaler en plakjes tomaat met een paar takjes bieslook. Leg het tweede plakje erop. Leg op dit plakje een portie omelet. Voeg het laatste sneetje Emmentaler toe en het laatste sneetje brood (mosterdkant naar binnen).
3. In een grillpan een beetje olie verhitten. Leg de sandwich erop en bak hem ongeveer 5 minuten aan elke kant.

40. RUWE, LAGE GI

Ingrediënt

- 60 g walnoten
- 80 g cashewnoten
- 50 g cacaopoeder
- 50 g geraspte kokos
- 2 tl vanille-extract
- 60 ml agavesiroop

Voorbereiding

1. Doe alle ingrediënten in de kom van de keukenmachine en mix totdat ze beginnen te combineren.
2. Vorm een bal met het deeg en rol deze uit met een deegroller tussen 2 vellen bakpapier

3. vorm de koekjes met behulp van een koekjesvormer.
4. Bewaar in de koelkast terwijl de room wordt bereid.

Kokos-aardbeiroom:

- 1 doos van 400 ml kokosmelk gekoeld voor minimaal 1 nacht (niet het licht pakken!)
- 1 tien aardbeien
- 1 eetlepel fructose

Voorbereiding

1. Prak de aardbeien en zet apart
2. Vang het vaste deel van de kokosmelk op en klop dit samen met de fructose tot slagroom.
3. Als de slagroom goed geassembleerd is, giet je ongeveer 80-100 ml aardbeienpuree en blijf je even kloppen.
4. Zet de aardbeienslagroom tien minuten in de vriezer (om het samenstellen van de broodjes te vergemakkelijken)
5. Voor het samenstellen van de broodjes zorg je voor ongeveer 1 à 2 tl aardbeienroom per portie (dit hangt natuurlijk af van de grootte van je koekjes uitstekers...). Bewaar ze in de vriezer en haal ze 1 uur voor het eten eruit.

6. De rest van de room kan gebruikt worden als glazuur voor cupcakes, fruit dips… In de koelkast is het 2 tot 3 dagen houdbaar.

41. SANDWICH VEGAN DUBBELE PADDESTOEL EN SPINAZIE MET KRUIDROOM.

INGREDINTEN

- Sneetjes sandwichbrood
- 3 handenvol spinazie
- 1 Tomaat ▫ 1/2 ui
- 4 handenvol champignons
- Een snufje zout
- Peterselie
- Zwarte peper
- 1 knoflook
- Olijfolie Voor de saus: ▫ 1 kopje ongezoete sojamelk + reserve

- 4 theelepels Maïszetmeel (bekend als Maïszetmeel of fijn maïsmeel).
- 1 knoflook
- 1 middelgrote aardappel
- 6 theelepels voedingsgist
- 3 theelepels knoflookpoeder
- 1 lange scheut citroen
- Een snufje zout
- Tijm
- Oregano
- Zwarte peper

Voorbereiding

1. We beginnen met het bereiden van de saus. Verhit hiervoor een straal olijfolie op middelhoog vuur in een pan en voeg een van de knoflook toe, gepeld en gehalveerd.
2. Als de knoflook aan beide kanten is geroosterd, het kopje sojamelk, de 3 theelepels knoflookpoeder toevoegen en laten staan tot het begint te koken.
3. Ondertussen schillen en snijden we een middelgrote aardappel in kleine stukjes. Kook nog een kleine pan met water en breng aan de kook, doe de stukjes aardappel erin en kook tot ze gaar zijn.

4. Voeg in de andere pot 6 theelepels voedingsgist (of meer), een snufje zout, tijm, royale oregano en een flinke scheut citroen toe.
5. Nu nemen we de 4 theelepels maizena en voegen ze beetje bij beetje toe - beter als we het zeven.
6. We verlagen het vuur tot middelhoog vermogen, voegen veel peper toe en met een paar staafjes snel roeren om klontjes te voorkomen. Snel, want het zal binnen een paar minuten dikker worden.
7. Wat onze saus romigheid zal geven, is het maïszetmeel, dat wanneer gemengd met de hete plantaardige melk een enigszins dikke room zal creëren. Je kunt de dichtheid compenseren door meer zetmeel of meer plantaardige melk toe te voegen.
8. Als de saus begint in te dikken, zetten we het vuur uit.
9. Voeg de aardappel toe en pureer deze met de staafjes zelf. We blijven roeren. Je kunt altijd een handmixer gebruiken om klontjes te corrigeren.
10. We reserveren de room en gaan voor de vulling.

11. Neem de champignons en de resterende knoflook, snijd ze in plakjes en doe ze in een koekenpan met een scheutje olijfolie, zwarte peper en peterselie. We bakken ze tot ze goudbruin zijn.
12. Er zijn nu twee opties. Als je, zoals ik, de dubbele sandwich wilt maken, gescheiden door smaken, verwijder dan de champignons als ze goudbruin zijn, bewaar ze en fruit de ui en spinazie apart. Of we slaan het allemaal samen over, dit gaat smaken.
13. Als we alle groenten hebben geroosterd, mengen we ze met de saus (weer apart of samen).
14. Als de saus na het rusten erg dik is, voeg dan een beetje plantaardige melk toe en verwarm een halve minuut zodat het zijn romigheid terugkrijgt.
15. Nu gaan we het brood aan beide kanten roosteren. Daarna vullen we het met de room, en voegen we nog een beetje peper, edelgistvlokken en zout toe. We bedekken met een paar plakjes tomaat en sluiten af met nog een sneetje brood.
16. We leggen er nog een laag vulling op en sluiten af met de derde en laatste boterham.

17. Serveer de dubbele vegan sandwich vers geroosterd, warm en met de romige saus.

42. KIKKERERWEN EN AVOCADO PASTA SANDWICH

INGREDINTEN

- 8 sneetjes volkoren speltbrood
- 200 g BIO kikkererwten (reeds gekookt)
- 1 avocado
- Een paar korianderblaadjes
- 1 scheutje citroen

- 2 eetlepels olijfolie
- Zout en peper
- Groene bladeren, plakjes tomaat en alfalfaspruiten

Voorbereiding

1. Om de kikkererwten- en avocadopasta te bereiden, doe je de kikkererwten en avocado in een kom en prak je ze met een vork. Voeg de citroen, zout, peper, olijfolie en fijngehakte korianderblaadjes toe en meng goed.
2. Stel de sandwiches samen door eerst de pasta in lagen te leggen, dan wat plakjes tomaat en wat groene blaadjes, en tot slot wat alfalfaspruiten.

43. BIETENHUMMUS SANDWICH

Ingrediënten

- 8 sneetjes volkoren speltbrood
- Bietenhummus (zie recept hier)
- Rode kool, julienne gesneden
- Groene bladeren

Voorbereiding

1. We bereiden de bietenhummus volgens het recept dat Gloria een paar maanden geleden met ons deelde.
2. Stel de sandwiches samen door een eerste laag rode bietenhummus te leggen en verder

te gaan met de rode kool in fijne juliennereepjes gesneden.

We eindigen met wat groene bladeren.

44. TOFU BACON SANDWICH

INGREDINTEN

- 8 sneetjes volkoren speltbrood
- 4 theelepels biologische mosterd
- 250 g de tofu-firme
- 2 eetlepels BIO Tamari sojasaus
- 1 theelepel paprika van La Vera
- ½ theelepel knoflookpoeder
- Olijfolie
- 1 tomaat
- Groene bladeren

Voorbereiding

1. Om de tofu-spek te maken, verdelen we het blok in drie delen en snijden elk in dunne plakjes (ongeveer 3 mm dik). Op die manier krijgen we reepjes die lijken op de vorm van spek.
2. We doen de reepjes in een pan (als ze niet allemaal passen, doen we dat meerdere keren door de hoeveelheid kruiden en tamari te verdelen) met een scheutje olijfolie en knoflookpoeder.
3. We bruinen goed aan beide kanten en zorgen ervoor dat ze niet verbranden. Als ze goudbruin zijn, voeg je de paprika en tamari toe en kook je op laag vuur nog 1 minuut aan elke kant.
4. Stel de sandwiches samen door eerst een theelepel mosterd op het gesneden brood te smeren. Daarna leggen we wat plakjes tofu-spek en tenslotte de plakjes tomaat en de gekozen groene bladeren.

45. VEGAN SANDWICH MET AVOCADO, ARUGULA, TOMAAT EN FRAMBOZENMAYO

Ingrediënten (voor twee vegan sandwiches)

- Sandwichbrood (ik raad vooral het sandwichbrood met weinig kruimel aan)
- Avocado
- Tomaat
- Verse rucola
- Ui
- Olijfolie
- Voor de frambozenmayonaise (zonder ei):

* De frambozenmayonaise gaat ongeveer 6 boterhammen mee. In de koelkast is hij een paar dagen houdbaar, maar beter als je hem in een luchtdichte trommel bewaart.

- 1/4 kopje sojamelk (Idealiter is sojamelk ongezoet. Ik gebruik de meer neutrale versie (witte baksteen) van Mercadona).
- Half kopje zonnebloemolie
- een snufje zout
- Een scheutje citroen
- Een handvol verse frambozen ☐ We hebben een handmixer nodig.

Voorbereiding

1. De eerste stap is het bereiden van de frambozenmayonaise. Om dit te doen, mengen we in een diepe container de sojamelk, zonnebloemolie, een snufje zout en crushen.
2. De beste manier om mayonaise te kloppen, is door de handmixer helemaal onder te dompelen en het mengsel beetje bij beetje op en neer te mengen. Maak je geen zorgen, het is heel gemakkelijk.
3. Voeg vervolgens een scheutje citroen en frambozen toe en mix opnieuw.
4. We gaan verder met het snijden van de avocado en tomaat, en reserveren.
5. Vervolgens zetten we het brood om te roosteren en laten het tot het lichtbruin is.

6. Ondertussen snijden we de ui in ringen en bruinen ze in de pan. Hiervoor smeren we de pan in met een beetje olijfolie en als de olie heet is, bruinen we de ringen 2 of 3 minuten op middelhoog vuur. Ze moeten gewoon wat kleur oppikken.
7. Nu selecteren we wat rucola-bladeren.
8. Als het brood geroosterd is, besmeer het dan rijkelijk met de frambozenmayonaise.
9. Vervolgens leggen we rucola-blaadjes op de basis, plakjes tomaat, avocado, wat uienringen en maken we de bovenkant van de sandwich af met nog een beetje saus. We sluiten en gaan!

46. SANDWICH BLT

Ingrediënten

Voor het spek:

- 150 gram tofu (vooraf uitgelekt)
- 1 eetlepel vegan Worcestershire saus
- 2 eetlepels ahornsiroop
- 1/2 eetlepel sojasaus
- 1 eetlepel kokosolie Voor de sandwich:

- 4 sneetjes gesneden brood
- 1 tomaat in plakjes
- Franse sla
- Veganistische mayonaise

Voorbereiding

1. Snijd de tofu (vooraf uitgelekt) in 8 reepjes.
2. Voeg in een grote kom de Worcestershire-saus, ahornsiroop en sojasaus toe. Goed mengen. Voeg de tofureepjes toe en laat 15 minuten marineren.
3. Leg de kokosolie op een aluminium bakplaat en vernis goed.
4. Leg de tofureepjes erop en bak 25 minuten op 350°. Bak 5 minuten op 400 ° en zet uit. Haal uit de oven.
5. Leg op elk brood vegan mayonaise, voeg tomaat, sla en 4 reepjes bacon per sandwich toe.

47. VEGAN GEPANEERDE SANDWICHES

INGREDINTEN (2 BROODJES)

- 4 plakjes vegan worst (type kalkoen, ham ...)
- 4 plakjes vegan kaas
- 4 sneetjes gesneden brood
- 3 eetlepels bloem om te coaten zonder ei (type "Yolanda-meel")
- 1 glas water
- Olijfolie

VOORBEREIDING

1. We beginnen zoals bij de gemengde sandwiches van je leven, waarbij de plakjes kaas en vegan worst op een sneetje brood worden gelegd en ervoor zorgen dat ze niet uitsteken. We bedekken met nog een plak en snijden doormidden, waarbij we twee driehoeken achterlaten. Hetzelfde doen we met het andere vegan broodje.
2. Om het beslag te bereiden, meng je het warme water met de bloem in een diepe schaal en roer je met een paar staafjes tot er geen klontjes meer zijn. Het moet een textuur hebben die lijkt op die van het ei. Hoe dichter we dit mengsel maken, hoe dikker en knapperiger het beslag op onze broodjes zal

zijn, dus afhankelijk van je smaak kun je wat meer bloem toevoegen.
3. Als je geen speciaal meel voor beslag hebt, kun je een ander type meel gebruiken en hetzelfde mengsel maken, maar dan met een snufje kurkuma voor een beetje kleur.
4. We doen een vinger olie in een pan en bakken onze sandwich-driehoeken voorzichtig aan beide kanten, tot ze goudbruin zijn. Verwijder op een bord met keukenpapier om overtollige olie te verwijderen.
5. Het beste is om er warm van te genieten, dus ...

48. PORTOBELLO PADDESTOEL SANDWICH AND GEKARAMELISEERDE UI

Ingrediënten

- 1 witte ui gesnipperd
- 2 eetlepels olijfolie
- 1 ½ eetlepels ahornsiroop
- 1 snufje zout
- 4 grote portobello-champignons
- 2 eetlepels Worcestershiresaus ☐ ½ kopje geraspte vegan kaas ☐ Tot uw dienst:
- Stokbrood
- Franse frietjes

Voorbereiding

1. Zet een grote koekenpan op hoog vuur, voeg de olie toe, voeg als het heet is de gesneden

ui toe en kook 2 minuten, goed roerend. Voeg de esdoorn toe, meng en dek de pan af. Bak 4 minuten op middelhoog vuur of tot de ui glazig is.
2. Snijd de portobello-champignons in reepjes of "filets", doe ze samen met de ui in de pan en voeg de worcestershiresaus toe. Verhoog het vuur tot maximaal vermogen en kook, goed roerend gedurende 5 minuten.
3. Als de randen van de champignons bruin beginnen te worden, voeg je de vegan kaas toe en roer je op middelhoog vuur. Pas het zoutpunt aan en haal van het vuur.
4. Serveer op stokbrood dat eerder in de pan is geroosterd of verwarmd. Begeleiden met frietjes.

49. SANDWICH MET MILLETBROOD

Ingrediënten voor 2 personen:

- 1 glas gierst
- 1 ui gesnipperd
- een snufje kurkuma
- zeezout
- olijfolie
- 3 glazen water

Voor de vulling:

- 1 blok gerookte tofu in plakjes gesneden (gemarineerd met sojasaus en aromatische kruiden als we willen)
- ontkiemd
- 2 radijzen

- gemengde sla
- geroosterde sesamzaadjes
- om te smeren: wat groentepaté, of boter van noten geëmulgeerd met heet water

Voorbereiding:

1. Verhit olie in een pan, voeg de ui en een snufje zout toe, kook 10-12 minuten. Was de gierst en voeg deze toe aan de braadpan samen met 3 glazen water, een snufje kurkuma en nog een snufje zout, breng aan de kook, reduceer tot een minimum en dek goed af
2. Maak de gegrilde tofu.
3. Snijd een stuk gierst met een rechthoekige tot vierkante vorm, besmeer het met groentepastei of notenboter, voeg diverse slasoorten toe, de fijngesneden radijsjes, een plakje tofu, meer sla en een paar spruiten, nog een plak, snijd nog een stuk gierst van dezelfde grootte en besmeer het met wat we maar willen en plaats het ondersteboven om de sandwich te bedekken. Garneer met geroosterde sesamzaadjes erop.

50. TOMAAT BASILICUM SANDWICH

Ingrediënten

- 2 - 3 tomaten in de lengte gesneden
- 1 flinke snuf zout
- 1 el olijfolie
- 1 - 2 gedroogde Italiaanse kruiden
- 1 scheutje balsamico azijn
- 2 sneetjes brood
- Vegan roomkaas
- 4 - 5 basilicumblaadjes
- Zwarte peper

Voorbereiding

1. Verhit een koekenpan op middelhoog vuur met de olie en kruiden. Voeg als het warm is de tomaten in een enkele laag toe.
2. Voeg zout toe. Als ze zacht zijn, voeg je een scheutje balsamicoazijn toe terwijl je de pan schudt.
3. Zet het vuur uit. Dit proces duurt slechts enkele minuten.
4. Besmeer het brood met de kaas, voeg de gehakte basilicum en gemalen peper toe.
5. Leg de tomaten erop.
6. Grill de sandwich of rooster eerst het brood en voeg dan de tomaten en kaas toe.

51. NOPAL SANDWICH

Ingrediënten

- 2 sneetjes volkoren brood
- 2 eetlepels bonen
- 2 slablaadjes
- 2 kleine nopales
- 100 gram sojakaas
- Zout en peper naar smaak
- 1 theelepel. azijn

Voorbereiding

1. Rooster de 2 nopales met peper en zout naar smaak 5 minuten en gratineer de kaas op de nopal.
2. Rooster de 2 sneetjes brood.
3. Zodra het brood geroosterd is, verdeel je de 2 theelepels bonen
4. Voeg de nopales met kaas, de sla, de avocado, de tomaat toe aan het brood en voeg een beetje azijn toe.
5. snijd de sandwich doormidden.

52. RAUWE SANDWICH MET AVOCADO ALIOLI

Ingrediënten voor 2 personen:

- 1 avocado
- 1/2 teentje knoflook
- 1 theelepel umeboshi-pasta
- 1/2 citroen
- 2 wortelen, geraspt
- ontkiemd
- diverse soorten bladgroen (veldsla, rucola..)

Voor het "brood":

- 1/2 glas sesamzaadjes
- 1/2 kopje pompoenpitten
- 1 grote wortel, fijn geraspt

- 2 eetlepels gedroogde uienkorrels
- 2 eetlepels gedroogde basilicum

Speciaal keukengerei:

- Droogoven (of drogen in de zon, of bakken op een minimale temperatuur met de ventilator en met de deur een beetje open om de lucht te laten circuleren)

Voorbereiding:

1. De avond voor het maken van het brood:
2. plet alle ingrediënten, voeg een beetje water toe tot we een beheersbare textuur hebben, verdeel het op een paraflexx-vel of op bakpapier (3 lagen) en dehydrateer gedurende 8 uur bij 105°F. Draai het aan het einde van deze tijd om en droog nog eens 1 uur zonder het papier of de folie.
3. Maak de avocado ali-oli: pers de 1/2 citroen uit en pureer deze met de avocado, knoflook en umeboshi pasta.
4. Besmeer het brood met de ali-oli, en vul met de geraspte wortel, de groene bladeren en de spruitjes.

53. SANDWICH EXTRA

Ingrediënten

- 1 stok Frans brood
- 400 gram zoete cherrytomaatjes
- 1 middelgrote aubergine
- 1 bosje basilicum, fijngehakt
- 2 plakjes vegan kaas-tofutti- (optioneel)
- Olijfolie
- Zout
- Peper

Voorbereiding

1. Verwarm de oven voor.
2. Snijd de tomaten doormidden en leg ze met de kant naar boven in een ovenschaal.

3. Bestrooi met een flinke snuf zout en 23 eetlepels olijfolie.
4. Bak 70-80 minuten in een lage oven.
5. Schil de aubergine en snijd deze in plakjes.
6. Bestrooi met een flinke snuf zout en 1/2 kopje olijfolie.
7. Bak (laag) 35-45 minuten, tot de aubergine zacht en goudbruin is.
8. Snijd het brood in twee gelijke delen.
9. Wrijf het brood in met olijfolie en voeg de groenten toe.
10. Bak tot het brood knapperig is en de "kaas" smelt.
11. Verbind de 2 broodhelften om de sandwich te vormen.

54. TOFU SANDWICH MET MAYONAISE EN VERSE KRUIDEN

Ingrediënten

- 1 medium blok tofu (genoeg voor de boterham)
- 1/4 vegan mayonaise
- 1 eetlepel mosterd
- Fijngesneden bleekselderij naar smaak
- 1 theelepel citroensap
- Verse kruiden naar smaak
- Zout naar smaak
- Peper naar smaak
- Luzerne
- Wit of volkoren sneetjes brood (veganistisch!, check de etikettering)

Voorbereiding

1. Voor dit voortreffelijke recept voor de vegetarische keuken nemen we eerst de tofu en verkruimelen deze, daarna mengen we ze in een bakje met de vegan mayonaise, mosterd, fijngehakte bleekselderij, citroen, verse kruiden, peper en zout naar smaak. We roeren heel goed om een zeer dikke pasta te maken.
2. Als we klaar zijn, besmeren we het brood eenvoudig met deze pasta en leggen we er een beetje verse luzerne op.

55. VEGETARISCHE SANDWICH MET POMPOENMAYONAISE

Ingrediënten

- 1 middelgrote aubergine
- 1 middelgrote courgettepompoen
- 4 plakjes pompoen
- Groentebouillon in poedervorm
- Veganistische kaas
- Zout c / n
- Olie c / n
- Water c / n

Voorbereiding

Pompoenmayonaise:

1. In een pan plaatsen we de pompoen gelijkmatig in blokjes gesneden

2. We zetten water om de blokjes te bedekken, besprenkelen met de poedervormige groentebouillon en laten koken tot de blokjes gaar zijn.
3. Eenmaal gekookt, haal van het vuur (er mag geen water meer over zijn, omdat het tijdens het koken wordt verbruikt), doe de blokjes in een kom, voeg de yoghurt toe en verwerk.
4. Corrigeer zout en indien nodig peper.

Voor de sandwichvulling:

1. Fileer de aubergine en courgette en gril ze.
2. Kies een laag brood met weinig kruim maar lang.
3. Besmeer het met de mayonaise en vul het.
4. Je kunt spruiten, avocadopartjes en slablaadjes toevoegen.

56. AUBERGINE PATE SANDWICH

Ingrediënten

- 4 sneetjes volkoren brood
- Tahin Olijven
- Knoflook en citroensap
- Olijfolie en zout

Voorbereiding

1. De aubergines worden 20 minuten gebakken.
2. Ze worden geschild en geplet met citroensap, knoflook, tahini en olie, op smaak gebracht.
3. De plakjes worden met deze paté besmeerd, doormidden gesneden, opgerold en versierd met olijven.

57. SANDWICH MET TOFU

Ingediënten

- 1/4 kilo tofu-firme
- Olijfolie
- Een rijpe tomaat
- Pan
- Een avocado
- 6 tl knoflookpoeder
- 6 tl uienpoeder
- 1/2 tl zout
- 1 tl zwarte peper
- 1 tl komijn
- 1 tl rode peper
- Sla

Voorbereiding

1. Haal de tofu door de olijfolie en vervolgens door het kruidenmengsel.
2. Bak in een beetje olijfolie op hoog vuur goudbruin. Stel de sandwich samen door het brood doormidden te snijden en te vullen met sla, tomaat, avocado en tofu.

58. SANDWICH MET QUINOA EN PADDESTOEL

Ingrediënten voor 2 personen:

- 1 pot quinoa
- 1 ui in halve maantjes gesneden
- een snufje kurkuma
- zeezout
- 2 glazen water
- 1 teentje knoflook, fijngehakt
- 1 fijn geraspte wortel
- 7 champignons
- geroosterde pijnboompitten
- olijfolie

- sojasaus (tamari)

Voorbereiding:

1. Was de quinoa, verhit een beetje olie in een pan en fruit de gehakte knoflook aan, voeg de quinoa toe en rooster 2 minuten. Voeg vervolgens de 2 glazen water, een snufje zout en de kurkuma toe, breng aan de kook, zet op een minimum en dek af voor 20 minuten.
2. Doe in een grote kom om af te koelen en voeg de geraspte wortel toe. Leg het plat op een bord (om later te kunnen snijden).
3. Fruit de ui met een beetje olijfolie en zout gedurende 10 minuten, voeg de champignons en een scheutje sojasaus toe, bak tot het vocht verdampt is, voeg een paar pijnboompitten toe en mix.
4. Vorm als sandwich met een laagje quinoa, de paddenstoelenpuree en nog een laagje quinoa. Versier met champignons en pijnboompitten.

59. AANGESCHREVEN TOFU SANDWICH

INGREDINTEN

- 2 sneetjes Thins 8 granen
- ½ blok stevige tofu
- 1 tl appelconcentraat
- 2 tl tamari of sojasaus
- 1 cm verse gemberwortel
- 75 gr. cashewnoten (2 uur geweekt)
- Het sap van een halve citroen
- 1 flinke eetlepel biergist
- Bieslook, naar smaak gesneden
- Wat rode slablaadjes
- Zullen
- Water

VOORBEREIDING

1. Om de tofu te smoren, snijden we hem eerst in grote, dunne filets en bakken deze in de pan met een beetje olie aan beide kanten goudbruin. Aan de andere kant schillen we de gember en raspen deze. We voegen het toe aan de pan samen met de tamarisaus (of sojasaus) en het appelconcentraat. We voegen ook water toe om de tofu te bedekken. Laat op laag-middelhoog vuur koken tot de vloeistof is verbruikt.

2. Om de zure room te bereiden, zullen we de cashewnoten (van tevoren twee uur geweekt) fijnmalen met de biergist, het citroensap en een beetje water. Zodra we de goed geplette cashewnoten hebben, voegen we beetje bij beetje water toe tot we een crème krijgen, min of meer dik, afhankelijk van de smaak, en voeg zout toe. We zullen een vleugje aan onze zure room toevoegen door een beetje bieslook toe te voegen.

3. We stellen ons broodje Thins samen op een basis van rode slablaadjes, de gesmoorde tofufilets en zure room.

60. GROENTE SANDWICH

Ingrediënten:

- 2 wortelen
- 4 eetlepels suikermaïs
- 1/2 courgette
- 3 radijzen
- een paar kool of kool
- bladeren
- een paar blaadjes bataviasla
- 1 kop verse veldsla
- 2 tomaten
- grond zwarte peper
- zout naar smaak

- 8 sneetjes gesneden brood of sandwichbrood
- Voor de veganesa (groentemayonaise):
- 50 ml sojamelk (niet zoet)
- 150 ml zonnebloemolie
- 1 eetlepel appelciderazijn
- 1/2 theelepel mosterd
- 1/4 teentje knoflook (zonder zenuw)
- Zout naar smaak

Voorbereiding

1. Leg de sneetjes brood om te roosteren in de broodrooster of in een platte koekenpan met antiaanbaklaag, in porties, terwijl we de vulling maken.
2. Was alle groenten goed. Julienne (met de hand of met een mandoline, of als je die niet hebt, serveer met een rasp met grote gaten) de wortelen, courgette, kool en radijs, meng ze met de maïs, bestrooi alles met een snufje zout (minder dan 1/4 theelepel) en doe het in een kom op absorberend keukenpapier.
3. Snijd daarentegen de tomaten in dunne plakjes en de sla in middelgrote stukken.
4. Om de veganist te maken, doe de sojamelk en mosterd in een hoge kom die iets breder is dan de arm van de mixer (of gebruik een blender) en, kloppend op gemiddelde snelheid,

voeg geleidelijk de olie toe. van zonnebloem, in het begin proberen de mixer niet te verplaatsen, totdat deze emulgeert. Blijf kloppen en de olie toevoegen, en voeg dan de rest van de ingrediënten voor de veganisten toe. Proef het en voeg indien nodig zout toe.

5. Haal het keukenpapier van de ingrediënten die we in julienne hebben gesneden en meng ze met de vegan. Hiermee hebben we al ons broodbeleg.
6. Om elke sandwich samen te stellen, leggen we op een sneetje vers geroosterd brood wat stukjes sla, dan wat plakjes tomaat, bestrooien met zwarte peper en gaan verder met een paar eetlepels vulling en eindigen met meer sla, de veldsla en nog een plakje brood.

61. TOFU EN MISO SANDWICH

Ingrediënten

- 2 eetlepels rode miso
- 2 el citroensap
- 2 el suiker
- 2 el tamari of sojasaus
- 1 el voedingsgist
- 1/4 tl vloeibare rook
- 1 pakje stevige tofu uitgelekt

Voorbereiding

1. Verwarm de oven voor.

2. Wikkel de tofu (reeds uitgelekt) in wat keukenpapier en leg er iets zwaars op gedurende 10-20 minuten.
3. Haal de tofu uit de verpakking en snijd in dunne plakjes.
4. Doe in een kom met de marinade en laat 10 minuten rusten. Bak gedurende 20 minuten.
5. Haal uit de oven en laat afkoelen.
6. Meng voor de marinade de miso, citroen, suiker, tamari, gist en rook.
7. Maak de sandwich met toast, spinazieblaadjes en vegan mayonaise.

62. WILDE ASPERGES EN PADDESTOELENSANDWICH

Ingrediënten

- 4 kleine sneetjes brood
- 5 groene asperges
- 6 kleine champignons
- 2 plakjes ui
- 2 Californische pruimen, ontpit
- witte peper
- Olie
- Water
- Zout

Voorbereiding

1. Voeg in een kleine koekenpan een theelepel olie toe en verwarm. als het warm is de asperges toevoegen en kruiden. Fruit ze ongeveer 3 minuten op hoog vuur met een deksel in de pan (zodat ze niet spatten).
2. Leg een sneetje brood op een bord en leg de asperges er goed uitgelijnd op. bedek ze met een ander sneetje brood.
3. Voeg in dezelfde pan nog een theelepel olie toe, verwarm en doe de champignons samen met hun eerder gescheiden steel. een snufje zout, dek af en op hoog vuur nog 3 minuten, af en toe roeren zodat ze aan beide kanten gaar zijn. leg ze op het sneetje brood, vorm een tweede verdieping en bedek ze met een ander sneetje brood.
4. We keren terug naar de pan en plaatsen de uienplakken met een druppel olie en zout. hoog vuur en dek af voor een minuut. Voeg als het goudbruin is de 2 pruimen toe, in kleine stukjes gesneden samen met een scheutje water
   (ongeveer 3 eetlepels). We zetten op een hoog vuur en roeren tot het water verdampt.
5. Dit mengsel verdelen we over de vorige boterham tot een derde verdieping. Dek af

met een ander sneetje, plet alles lichtjes met je hand en neem de hele sandwich in de pan om het brood een beetje te roosteren, zonder olie of vet omdat het niet nodig is. we draaien om toast aan de andere kant.

6. We leggen het op een bord en snijden het doormidden om comfortabeler te eten.

63. SANDWICH MET KOMKOMMERS, WORTELEN EN SPINAZIE.

Ingrediënten

- 2 tarwetortilla's (gebruikt om Mexicaanse taco's te maken)
- 1/2 kop hummus
- 1 kleine komkommer, heel dun gesneden (ongeveer
  1/2 kop)
- 1 wortel, geraspt (ongeveer 1/3 kop)
- 1 en 1/2 eetlepel tamari (of sojasaus)
- 1 en 1/2 el rijstazijn
- Zwarte peper

- 2 handenvol babyspinazie
- Tabasco optioneel

Voorbereiding

1. Meng de komkommer met de wortel.
2. Voeg tamari en rijstazijn toe en roer.
3. Laat 5-10 minuten marineren (of meer, indien gewenst).
4. Verwarm de tortilla's (hij kan een paar seconden in de magnetron staan met een papieren handdoek eronder of in een pan).
5. Besmeer de tortilla's met de hummus, 3-4 eetlepels elk, en zorg ervoor dat het hele oppervlak bedekt is.
6. Dit zal de sandwich helpen plakken.
7. Leg komkommers, dan wortelen en strooi er verse peper over.
8. Voeg een laag babyspinazie toe.
9. Rol ze op en verwarm ze op een bakplaat om die gouden markeringen te creëren.
10. Serveer en eet direct op.

64. VEGAN TOFU SANDWICH

Ingrediënten

- Tofu-firme
- Brood (vorm)
- Verse tomaat
- Abrikozen- of Romeinse sla
- Sojasaus
- Koriander
- Olijf of koolzaad geaccepteerd

Voorbereiding

1. Allereerst moet je de tofu in plakjes snijden en het overtollige wei verwijderen.
2. We verhitten een koekenpan met antiaanbaklaag met een beetje olijfolie. Leg

de tofu erop en decoreer met de koriander, laat een beetje bruin worden tot hij een stevigere consistentie krijgt en aan beide kanten een heerlijke gouden kleur krijgt. We voegen een beetje sojasaus toe om het meer kleur en smaak te geven. We wachten tot alle toegevoegde saus is verdampt en zetten op een laag vuur.
3. Ondertussen bereiden we het brood, eventueel met een beetje vegan mayonaise of alleen.
4. We voegen de al gekookte tofu toe samen met de gesneden tomaat, de romaine sla in stukjes. Je kunt ook een beetje maagdelijke mosterd toevoegen en het zal helemaal heerlijk zijn!

65. VEGAN TAKE AWAY SANDWICH

Ingrediënten:

- 1 of 2 piquillo pepers uit blik.
- 1 sjalot in vrij dikke plakken gesneden (4 plakken) ▢ Een stuk grof gesneden courgette.
- Sla
- Gesneden natuurlijke tomaat.
- Zout en olijfolie
- Een gewone (veganistische) sojayoghurt
- Mayonaise zonder eieren)

Voorbereiding

1. De gesneden bieslook en de courgette leggen we op een bord. We voegen zout naar smaak

toe en een scheutje olijfolie. dit zetten we 2 minuten in de magnetron op maximaal vermogen. eenmaal klaar plaatsen we het op de sandwich.
2. We openen de piquillo-paprika's doormidden en leggen deze samen met de rest van de ingrediënten op het broodje.

66. SANDWICH VAN PITABROOD EN SANFAINA

Ingrediënten

- 4 volkoren pitabroodjes
- 2 aubergines
- 2 courgettes
- 3 gepelde tomaten
- 1 rode paprika
- 2 gesnipperde uien
- 2 teentjes knoflook, gehakt
- Olijven, peterselie en peper
- Oregano olijfolie en zout

Voorbereiding

1. Een bak met olie wordt verwarmd waaraan de uien worden toegevoegd.
2. Voeg na enkele minuten de rest van de groenten toe met de knoflook, peterselie en oregano en breng op smaak met peper en zout.
3. Laat het mengsel 15 minuten koken en voeg de ontpitte zwarte olijven toe.
4. De pitabroodjes worden gebakken, geopend en gevuld met de bereide stamppot.

67. AVOCADO SANDWICH

Ingrediënten

- 2 sneetjes (per boterham) brood
- 2 - 3 el zuurkool
- 1/4 avocado (avocado) in plakjes
- 1 el geraspte tofu
- 2 - 3 el sojamayonaise
- 1 el ketchup
- 2 el margarine

Voorbereiding

1. Verdeel de margarine over het brood en toast.

2. Verdeel daarna de mayonaise, ketchup en zuurkool.
3. Leg vervolgens de gesneden avocado op een enkele snee brood en bestrooi met de tofu.
4. Smeer meer margarine op de buitenkant van het brood en
5. Grill tot de sandwich goudbruin is, ongeveer 35 minuten.

68. Courgette MUTABAL

Ingrediënten:

- 2 middelgrote courgettes (700 g)
- 3 eetlepels witte tahini
- 2 teentjes knoflook
    - 2 eetlepels ongezoete sojayoghurt
- 2 eetlepels citroensap
- 4-5 munt- of groene muntblaadjes (optioneel)
- 1 eetlepel olijfolie (optioneel)
- $\frac{1}{4}$ theelepel zoete paprika (optioneel)
- $\frac{1}{4}$ theelepel zout

Voorbereiding

1. Verwarm de oven voor op 200°C.
2. Was de courgette, verwijder het puntje (het steeltje) en halveer ze in de lengte. Snijd diagonaal in het courgettevlees zonder het vel te bereiken (we willen het niet in stukken snijden maar diepe inkepingen maken om het wat sneller te grillen) en bestrooi met een beetje zout.
3. Leg de courgette met de voorkant naar boven (huid op de pan) op een bakplaat bekleed met bakpapier.
4. Zet ze in de oven en laat ze 30-35 minuten roosteren, tot je ziet dat ze zacht zijn. Ze hoeven niet bruin te worden.
5. Haal het vlees voorzichtig met een lepel uit de courgette en doe het in het blenderglas (Let op: ze kunnen met schil en alles worden gedaan, maar omdat mijn courgette erg donker was, heb ik besloten het niet toe te voegen). Als ze veel verbranden, laat ze dan even afkoelen.
6. Pel de knoflookteentjes, halveer ze en verwijder de hoofdnerf. Doe de knoflook in de blender met de courgette en voeg het zout en de tahin toe. Eventueel kun je gemalen komijn, verse koriander en zwarte peper toevoegen.

Klop het los en voeg beetje bij beetje het citroensap en de sojayoghurt toe, zodat je de consistentie van de room kunt controleren. Blijf alles door elkaar kloppen tot je een gladde crème krijgt, al gebeurt er niets als er nog stukjes over zijn. Proef het en corrigeer het zout indien nodig. Als je het mengsel te dik of te dik vindt, kun je nog een of twee eetlepels sojayoghurt toevoegen.

7. Je kunt de room warm of koud serveren. Gebruik de olijfolie, de muntblaadjes en de paprika om er vlak voor het opdienen op te leggen (dit is optioneel), het geeft het een zeer goede smaak. Begeleid het met brood (pita, naan (gemaakt met sojayoghurt en plantaardige margarine), chapati, toast, enz.) of met groentesticks om te dippen. Je kunt het ook gebruiken voor sandwiches en sandwiches, het gaat heel goed samen met natuurlijke tomaat, sla, seitan, wortel, etc.

8. De mutabal is een room- of groentepaté, net als de babaganoush, het is ook gemaakt met aubergine, maar op verschillende manieren en met verschillende kruiden. In theorie is de Libanese mutabal niet zo geplet als de babaganoush (die meer op een fijne room moet lijken) en wordt meestal geserveerd met

granaatappelpitjes, terwijl het de babaganoush is die wordt geserveerd met olijfolie en paprika. Nou, dit recept is een mix van beide, ook gemaakt met courgette in plaats van aubergine.

9. Als je geen natuurlijke ongezoete sojayoghurt hebt of kunt vinden, kun je elke plantaardige vloeibare room gebruiken om te koken of soja, rijst, amandelmelk of wat je maar het lekkerst vindt. Voeg het beetje bij beetje toe om te voorkomen dat het te vloeibaar wordt, vooral als je niet-zuivelmelk gebruikt.

69. SANDWICH VEGAN GEHAKTBAL

Ingrediënten

Voor de gehaktballen:

- 2 teentjes knoflook
- 2 portobello-paddenstoelen
- 2 eetlepels verse basilicum (1 takje)
- 1 kopje panko
- 1 kopje gekookte quinoa
- 2 eetlepels gedroogde tomaat zonder olie
- 1 eetlepel tomatensaus gekruid
- 1 snufje zout
- Olijfolie

Voor de boterham:

- 2 stokbroden
- 1/2 kop veganistische kaas in mozzarella-stijl
- 1/4 tomatensaus
- Verse basilicum naar smaak
- Zout naar smaak

Voorbereiding

1. Leg op een grill die eerder is bedekt met een beetje olijfolie, 2 teentjes knoflook en 2 portobello's. Bak op hoog vuur tot beide kanten goed gaar en goudbruin zijn.
2. Doe de portobello's, knoflook, basilicum, gekookte quinoa, tomatensaus, panko en gedroogde tomaten in een processor en verwerk gedurende 1 minuut of tot een deegconsistentie is verkregen. Voeg meer panko toe als je mengsel vochtig is.
3. Vorm je deeg tot balletjes. Bedek de balletjes met een beetje panko.
4. Op een grote koekenpan en op middelhoog vuur, doe een beetje olijfolie en voeg je gehaktballen toe, bak tot ze goudbruin zijn. Voeg tomatensaus toe om de gehaktballen te coaten. Kook op middelhoog vuur gedurende 4-5 minuten.
5. Smeer de binnenkant van het stokbrood in met tomatensaus en mozzarella. Voeg de

gehaktballen toe en bak 8-10 minuten. U kunt de buitenkant van het brood voor het bakken met een beetje olijfolie bestrijken om het bruin te maken.
6. Serveer met verse basilicum en voeg eventueel meer tomatensaus toe.

70. MIDDELLIJK DINER MET VEGAN SANDWICH IN HET ZUUR

Ingrediënten

- 2 porties
- 3 sneetjes boerenbrood
- 4 eetlepels caserito ingemaakte groenten
- 1 glas aguq met ijs en citroen

Voorbereiding

1. Snijd de sneetjes van het boerenbrood en leg deze in koude augurk en maak een paar zeer veganistische en praktische sandwiches.

71. SANDWICHES DE MIGA "LICHT"

Ingrediënten

- Kruimelbrood (Zemelen) 10u
- 1 aubergine
- 1 ui
- 1 wortel
- Bladeren sla
- 1-2 tomaten
- Mayonaise
- Om de aubergines te bakken
- 1 scheutje olie
- Zout
- Peper
- 2 eetlepels mosterd

Voorbereiding

1. We snijden de aubergine in plakjes. We zetten in de pan om te koken met een beetje olie, samen met de ui (in julienne gesneden). Tot ze allebei zacht zijn. Kruid met peper en zout. Voordat u ze uit het vuur haalt, blijft u sauteren met een beetje mosterd. Nu halen we het van het vuur en laten het in een kom met een papier dat de olie absorbeert.
2. Nu raspen we de wortel. We snijden de tomaten in plakjes. En we zetten apart, elk in een andere kom
3. Nu zetten we op tafel een bord kruimelbrood en smeren er mayonaise op. En daar bovenop doen we de aubergine met ui + geraspte wortel. We nemen nog een brood en smeren er mayonaise op en sluiten het. Op datzelfde brood smeren we nog wat mayonaise. In die laag leggen we de tomaat en sla.
4. Om te eindigen, plaatsen we mayonaise aan een kant van de 3 broodschaal en sluiten.

72. VEGAN SANGUCHE UIT SEITAN

Ingrediënten

- kruiden
- (naar smaak) Gemalen zwarte peper (optioneel)
- 1 eetlepel Provençaalse
- 1/2 theelepel Fijn Himalayazout
- 1 eetlepel Bruine suiker

Ingrediënten

- druppels Olijf (Voor brood, seitan en tomaten)
- 2 sneetjes brood
- Groenten

- 1/4 kop Groene ui
- 1/4 kop peterselie
- Fruit en groenten
- 1 Tomaat
- 1 plakje ui
- 1 feta papa

Voorbereiding

1. We snijden een plak van de seitan
2. We bereiden twee sneetjes brood (indien mogelijk volkoren) om te roosteren en een dop met: De bruine suiker - de Provençaalse en het zout
3. Snijd de peterselie en de groene ui zeer fijn.
4. Snijd de tomaat in plakjes (ongeveer 7 plakjes).
5. Snijd 1 plakje ui.
6. Snijd 1 aardappelschijfje (de schil kunnen we eraan laten)

*** Het belangrijkste is dat de aardappel goed geroosterd is.

1. De ui is geroosterd, maar niet zo veel ... ****
2. We koken de aardappel en even later de ceboia .
3. Als ze min of meer zijn, worden ze in een apart bord verwijderd.

4. We koken de seitan met een paar druppels olijfolie zodat hij niet aanbakt.
5. We voegen het kopje met de smaakmakers toe ...
6. De suiker zal beginnen te smelten, waardoor een "beetje sap" ontstaat.
7. Een paar seconden later voegen we de plakjes tomaat toe.
8. En wanneer hij zijn "Vloeistof" begint vrij te geven.
9. Voeg de gehakte peterselie en groene ui toe, roer een beetje.
10. Druppels olijfolie, en we sturen de aardappel en ui om samen met de bereiding verder te koken. en af en toe voegen we naar smaak gemalen peper toe.
11. Wanneer de aardappel is; We halen alles van het bord op een apart bord en zonder het vuur uit te zetten, beginnen we het brood te maken met andere druppels olijfolie ...
12. Rond en rond totdat ze geroosterd zijn en ... vaaaalaa maestress
13. Geweldige chegusan.

73. VEGAN SANDWICH

Ingrediënten voor 1 persoon

- 1 tomateneenheid(en) halve tomaat
- 10 gram Spinazie 4 of 5 blaadjes
- 1 snufje taugé naar smaak
- 1 snuifje volkoren brood

Voorbereiding

1. Snijd de tomaten en doe ze in de pan, leg ze op de spinazieblaadjes en de taugé.
2. Je kunt er wat groentesaus of een beetje hummus in doen en het is erg rijk.

74. ZEER MAKKELIJK ROGGEBROOD

Ingrediënten voor 6 personen

- 1 theelepel zout (gemiddeld beter)
- 1 theelepel bruine suiker of melasse
- 1 eenheid(en) warm water
- 300 gram volkoren roggemeel
- 4 gram bakpoeder of 25 gram gist. koel

Voorbereiding

1. Meng het water met de gist en suiker in een kom en laat 5 min.
2. Meng de bloem en het zout.
3. Mix alles zonder te kneden en zonder kracht (ik gebruikte een vork) tot het uniform is.
4. Maak met natte handen een bal van het deeg en laat deze 3 uur rusten in een met folie afgedekte kom.

5. 20 min voor het in de oven te zetten voorverwarmen op 180° en vervolgens de bal (reeds in een vorm) in de oven 50 min op middellage stand en met warmte op en neer zonder lucht in de oven plaatsen. Haal eruit en laat afkoelen.

75. KNOFLOOKBROOD

Ingrediënten voor 4 personen

- 1,5 eenheid (en) Knoflook
- 2 eetlepels verse peterselie
- 3 eetlepels margarine
- 125 gram stokbrood (één stokbrood)

Voorbereiding

1. Haal de margarine uit de koelkast om hem zacht te maken voordat je aan het recept begint.
2. Doe de peterselie en de gepelde knoflook in de blender tot ze fijn zijn, voeg de margarine toe en mix opnieuw. Als je geen crusher hebt,

hak de knoflook dan fijn in de vijzel en meng met de gehakte peterselie, meng dan met een vork de margarine.
3. Snijd het brood diagonaal zonder de bodem te bereiken, zodat het niet breekt en vul elk kuiltje met het mengsel van margarine, peterselie en knoflook.
4. Wikkel het stokbrood in aluminiumfolie en bak 7 minuten op 200°C.

76. SANDWICH PLANTAARDIG

Ingrediënten voor 1 persoon

- 50 gram Tomaat
- 30 gram Sla
- 2 eenheid(en) Asperges
- 60 gram gesneden brood 2 sneetjes
- 1 eetlepel Hacendado lactosevrije eiervrije saus

Voorbereiding

1. We snijden de tomaat, besmeren het brood met de saus en voegen de overige ingrediënten toe.

77. LICHTE GROENTE SANDWICH

Ingrediënten voor 1 persoon

- 1 snufje spinazie (een paar blaadjes)
- 1 eetlepel Piquillo-peper (boot) (één eenheid)
- 1 eetlepel Hummus
- 50 gram Zaadbrood

Voorbereiding

1. Open het brood en smeer er hummus naar smaak op.
2. Open een paprika doormidden en leg deze op het brood.
3. Leg dan wat spinazieblaadjes, sluit en: eten!

78. TYPE WORST WORST VOOR SANDWICHES

Ingrediënten voor 6 personen

- 1 theelepel Knoflook
- 1 theelepel oregano
- 1 eetlepel Peterselie
- 2 glazen water
- 2 eetlepels sojasaus (tamari)
- 2 eetlepels komijn
- 1 glas paneermeel
- 2 glazen tarwegluten
- 1 eetlepel krokant gebakken ui
- 0,5 theelepel Paprika de la Vera of gerookte paprika

Voorbereiding

1. Combineer alle vaste ingrediënten in een grote kom en meng goed met een lepel. - Verenig alle vloeistoffen - Giet de vloeistof over de vaste stof en meng eerst een paar minuten goed met de lepel en kneed het dan. - Maak een rol met het deeg en wikkel het goed in plasticfolie, (we zullen het vele beurten geven, aangezien deze verpakking ons later zal dienen om het in de koelkast te bewaren). We binden het goed aan de uiteinden of met een knoop, of met keukentouw. (Je zult zien dat het alleen de vorm van een worst aanneemt, rond en langwerpig) - Prik met een houten tandenstoker meerdere keren door de hele rol aan alle kanten, zodat het deeg van binnen goed wordt gemaakt. - Doe het water in het water dat we 1 uur laten koken en draai het een paar keer om. - Haal uit het water en laat afkoelen.

79. SANDWICH MET PADDESTOEL, SPINAZIE EN TOMATEN.

Ingrediënten voor 1 persoon

- 1 eenheid(en) geraspte tomaat
- 1 eetlepel Spinazie of naar smaak
- 1 snufje zout
- 1 snufje Knoflookpoeder
- 1 snufje balsamico azijn van Modena crème
- 1 theelepel extra vierge olijfolie
- 1 glas Baguette a bar
- 2 glazen roerbak-champignons, een handvol per sandwich

Voorbereiding

1. Fruit de champignons met een beetje olie, een snufje knoflook en zout tot het water is verbruikt.
2. Rasp een tomaat op het brood.
3. Plaats rauwe spinazie naar smaak
4. Plaats de eerder gebakken champignons.
5. werk af met een scheutje balsamicoazijn van modena erover.
6. sluit de boterham.

80. AREPAS DEEG

Ingrediënten voor 2 personen

- 1 snufje zout
- 1 glas water
- 1 eetlepel olijfolie
- 300 gram voorgekookt wit maïsmeel

Voorbereiding

1. Giet ongeveer anderhalve kop water in een kom, voeg het zout en een scheutje olie toe, voeg geleidelijk de bloem toe, verdun het in het water, voorkom dat er klontjes ontstaan, kneed met je handen en voeg beetje bij beetje bloem en water toe tot een glad zacht

deeg is verkregen dat niet aan de handen plakt. Vorm middelgrote balletjes en druk ze plat zodat er een ietwat dikke en symmetrische ronde ontstaat. Bak ze of kook ze in de oven en verwijder ze als ze goudbruin zijn. Ze worden momenteel geserveerd, vergezeld of gevuld met groenten, tofu, saus ...

81. GEROLDE SANDWICH

Ingrediënten voor 6 personen

- 250 gram zonnebloemolie
- 60 gram Olijven / Groene Olijven
- 60 gram Piquillo peper (boot) in reepjes
- 35 gram Mosterd
- 10 gram kappertjes of nauwelijks, een afgestreken eetlepel (optioneel)
- 0,5 theelepel Himalaya roze zout (geen Himalaya, KALA NAMAK)
- 70 gram witte asperges uit blik (vier middelgrote meer of minder)
- 30 gram Rode kool
- 450 gram volkorenbrood zonder korst (20 sneetjes, dat is een heel pak)

- 100 gram Hacendado sojadrank
- 1 eenheid (en) natuurlijk sojadessert met Sojasun bifidus (hoewel ik Sojade gebruik)
- 30 gram suikermaïs uit blik (twee eetlepels)

Voorbereiding

2. Dit is als een zoute zigeunerarm, zei mijn moeder toen ze hem voor het eerst zag.
3. En zoiets is het. Het gaat een lange weg voor geïmproviseerde diners of een kleurrijk voorgerecht of wat dan ook.
4. Als je het met dat speciale opgerolde brood doet, wordt het beter gepresenteerd, maar ik maak het met normaal gesneden brood zonder korst en het ziet er goed uit.
5. Maak eerst vegan (olie + sojamelk + kala namak zout + een halve theelepel xanthaangom als je die hebt) en zet het in de koelkast.
6. Maak een dunne doek of grote doek vochtig en spreid deze uit op de tafel of het aanrecht. Ga de sneetjes brood heel dicht bij elkaar leggen, totdat de doek bedekt is. Ik doe het meestal in 4 rijen x 5 kolommen.
7. Haal de vegan eruit en voeg de mosterd en yoghurt toe en verdeel dit over de hele bodem.

8. Snijd de olijven in plakjes (4 komen uit elk), de asperges in de lengte doormidden en de rode kool in reepjes.
9. Ga het in kolommen plaatsen en laat een beetje ruimte tussen elke kolom. Ik bedoel, een kolom met peper, een andere met olijven, een andere met asperges ... totdat je geen ruimte meer hebt.
10. Verdeel daarna de mais en kappertjes zodat ze heel dun tussen de gaatjes zitten.
11. Rol nu met behulp van de doek de materie heel voorzichtig evenwijdig aan de kolommen en draai ze vast zodat ze stevig is. Eenmaal gemonteerd, wikkel het dan door het op te rollen met de doek en stop het in de zak zelf waar het gesneden brood kwam. Sluit het met een elastiekje, en als het je niet geeft, maakt het niet uit, leg dan het rubber op wat uit de doek steekt. Zet het een paar uur in de koelkast en dan kun je het uitpakken, snijden en serveren op wat sla.

82. GROENTE EN KOMKOMMER SANDWICH

5 minuten

Ingrediënten voor 1 persoon

- 30 gram komkommer
- 2 eetlepels Sheese Herb Knoflook Vegan Kaas Verspreiding
- 60 gram volkoren brood (2 sneetjes)
- 1 snufje limoensap (druppels)

Voorbereiding

1. Nieuwsgierige maar heerlijke en lichte combinatie voor een fris en verzadigend diner. (of voorgerecht of pinchín of wat dan ook in je opkomt)
2. Net zo eenvoudig als het smeren van de vegadelfia en het snijden van een paar plakjes komkommer. Voeg de limoendruppels toe aan de komkommer en trek: B

83. FALAFEL, PIQUILLO PEPER EN VEGAN SANDWICH

Ingrediënten voor 1 persoon

- 30 gram Piquillo peper (blik)
- 1 theelepel sesamzaadjes
- 2 eenheid (en) Faláfel
- 2 theelepel lactosevrije eiervrije saus Hacendado veganist
- 1 eenheid(en) volkorenbrood met zaden

Voorbereiding

1. Wij bereiden de falafel (frituren of gebakken).
2. We openen het brood en verwarmen het.
3. We bedekken met veganesa en zetten de sesam.

4. We leggen de falafel en maken hem een beetje plat.
5. We leggen wat plakjes piquillo-peper.

84. SNEL VOLKOREN PIZZABROOD

Ingrediënten voor 1 persoon

- 1 snufje oregano
- 50 eenheid(en) Olijven / Olijven zonder pit ⬜ 40 gram verpakte gebakken tomaat
- 20 gram Vegan Edammer Sheese stijl kaas Alle kaas die smelt in de oven (veganistisch of niet, afhankelijk van het diner)
- 40 gram suikermaïs uit blik
- 2 eenheid(en) Hacendado volkoren gesneden brood

Voorbereiding

1. De oven is voorverwarmd tot maximaal vermogen. Sneetjes brood worden licht geroosterd in de broodrooster. Ze zijn bedekt met de tomaat en met de rest van de ingrediënten naar smaak. Ze worden ongeveer 15-20 minuten in de oven op maximaal vermogen gezet en voila!

85. TOFU SANDWICH

Ingrediënten voor 1 persoon

- 1 tomatenstuk(ken)
- 1 snuifje brood naar smaak, ik gebruik meestal een half brood
- 125 gram koude tofu

Voorbereiding

1. We snijden de tofu in dunne plakjes en halen deze door de pan tot hij een beetje bruin is. We snijden de tomaat in plakjes en leggen deze naast de tofu in de sandwich.

86. RAUW VEGAN LIJNZAAD BROOD

Ingrediënten voor 6 personen

- 1,5 glas gehakte bleekselderij
- 1 glas geraspte wortel, of andere groente naar keuze
- 1 eenheid (en) water
- 4 eetlepels zonnebloempitten kunnen andere zaden of mengsels zijn
- 1 glas gemalen lijnzaad

Voorbereiding

1. klop de ingrediënten tot je een deeg krijgt. Spreid het uit op perkamentpapier en laat het 3 of 4 uur aan elke kant in de zon drogen.
2. We kunnen ook kruiden toevoegen zoals oregano, dille, basilicum ...

3. het kan worden gedehydrateerd in de oven op minder dan 50 graden en met de deur open.
4. brood is tot een week houdbaar in de koelkast.

87. PIJPBROOD

Ingrediënten voor 6 personen

- 2 eetlepels zout
- 200 gram water (ml)
- 500 gram tarwebloem (broodmeel)
- 150 gram pompoenpitten/zaden (diverse zaden)
- 100 gram extra vierge olijfolie (ml)
- 100 gram Maïsolie (ml)

Voorbereiding

1. Klop het water met het zout en de oliën tot een emulsie is verkregen.
2. Doe het in een kom, voeg de bloem en de zaden beetje bij beetje toe, meng en kneed tot je een deeg krijgt. Spreid het deeg uit op een

vel vetvrij papier ... en snijd het met een mes (ik heb enkele rechthoeken gesneden).
3. Bak 25 minuten of, als je ze meer goudbruin wilt, 30 minuten in de voorverwarmde oven op 180°C.

88. BROOD MET OLIJVEN

Ingrediënten voor 5 personen

- 10 gram zout
- 500 gram water (ml)
- 3 eetlepels olijfolie
- 500 gram tarwebloem
- 250 gram Olijven / Zwarte of groene olijven naar smaak
- 1 snufje verse gist anderhalve pil

Voorbereiding

1. We verwarmen het water in de magnetron tot we erin reiken en verbranden niet. Ongeveer 35° of 40° en we lossen de gist op en laten het 10 minuten rusten.

2. Giet de bloem in een kom en maak een gat in het midden als een vulkaan.
3. Nu voegen we de olijfolie toe en de 10 g. van zout. We mengen goed en beginnen te kneden.
4. Als de ingrediënten allemaal zijn geïntegreerd, brengen we het deeg naar de knikker en blijven we kneden totdat het deeg niet aan onze handen plakt. Hiervoor moeten we er rekening mee houden dat we bloem moeten blijven toevoegen, ik heb zelfs bijna 200 g toegevoegd. plus. Het punt is bekend wanneer het deeg hanteerbaar is en niet aan de handen plakt.
5. Nu voegen we de olijven toe, die we eerder in plakjes hebben gesneden en blijven kneden totdat alle olijven goed in het deeg zijn opgenomen, waardoor het brood de gewenste vorm krijgt.
6. Laat het brood een half uur of 45 minuten rusten op de bakplaat bovenop het marmer. We zullen weten dat het deeg is gerezen wanneer we onze vinger laten zinken en het spoor verdwijnt in een paar seconden. Besprenkel het brood met een draadje olie en zet het in de oven, op 220° voor ongeveer

een half uur, tot het goudbruin is. We weten dat het brood gaar is als we er met een tandenstoker in prikken en het er schoon uitkomt.
7. Zodra we het uit de oven halen, wachten we tot het een beetje is afgekoeld en ... let's eat!

89. KIKKERERWTEN, BOSBES EN WALNOOT SALADE SANDWICH

Ingrediënten voor 4 personen

- 40 gram Sla 4 grote blaadjes
- 40 gram gesneden bleekselderij
- 1 snufje Peper
- 40 gram Walnoot
- 1 snufje zout
- 10 gram water 2 eetlepels
- 40 gram Sesampasta (Tahini) 4 eetlepels of vegan mayonaise
- 30 gram Bieslook (groene ui) gesnipperd
- 300 gram kikkererwten uit blik
- 20 gram appelciderazijn 4 eetlepels

- 200 gram meergranenbrood 8 sneetjes
- 40 gram gedroogde bosbessen

Voorbereiding

1. In een kom maken we de saus: we mengen tahini of vegan mayonaise met het water en de azijn; je kunt een beetje moutsiroop toevoegen.
2. In een andere kom pureren we de gekookte kikkererwten, voegen we de bleekselderij, bosbessen, gehakte walnoten, bieslook, zout en peper en de saus toe.
3. We leggen een blaadje sla op 4 sneetjes brood, leggen de salade erop en bedekken met nog een stuk brood.

90. ROZEMARIJN EN VLASBROOD

Ingrediënten voor 4 personen

- 1 eetlepel rozemarijn
- 1 theelepel bruine suiker
- 350 eenheid (s) mineraalwater scheenbeen
- 750 gram tarwebloem
- 2 theelepels zeezout
- 1 eetlepel extra vierge olijfolie
- 100 gram lijnzaad
- 25 gram verse gist

Voorbereiding

1. met de gist opgelost in water (de helft van wat in het recept staat) en de suiker, los het op in een houten kom en laat het 10 minuten rusten. Doe in een kom de bloem met de gist en de rest van de ingrediënten, kneed alles ongeveer 10 minuten en als het een goede consistentie heeft, dek af met een doek en laat ongeveer anderhalf uur gisten, richt de ovenschaal met olie bestrooien en met bloem bestrooien, deeg de gewenste vorm geven en schuine sneden (5 of 6) van 1 cm maken. dek opnieuw af met de doek voor nog eens 45 minuten, wanneer deze tijd verstreken is, kneed je een tijdje tot je een goede consistentie ziet en bak je dan met de eerder hete oven, op 230 graden tussen 40 of 30

minuten, afhankelijk van de vorm die je hebt gekozen (broodjes, reep, draad ...)

91. WATERKERS EN HUMMUS SANDWICH

Ingrediënten voor 4 personen

- 1 snufje zout
- 1 snufje olijfolie
- 200 gram volkoren brood
- 150 gram waterkers
- 300 gram Hummus

Voorbereiding

1. We wassen de waterkers en kleden ons licht aan met zout en olie.
2. Besmeer een sneetje brood met de hummus, leg er een handvol waterkers op en dek af met een ander sneetje.

92. ZWARE ROZIJNEN EN WALNOOTBROOD

Ingrediënten voor 6 personen

- 4 eenheid(en) Walnoot gepeld
- 5 gram zout
- 200 gram water
- 350 gram tarwebloem
- 3 eetlepels rozijnen
- 10 gram verse gist

Voorbereiding

1. 1.Plaats de bloem in een grote kom en maak een gat in het midden.
2. We maken de gist los in een kom met vier eetlepels warm water. 3. Giet dit preparaat, samen met de rest van het warme water en zout, in de holte van de bloem.

3. Meng het deeg beetje bij beetje met de hand totdat het loskomt van de wanden van de kom en er homogeen en stevig uitziet.
4. We dumpen het deeg op het aanrecht van onze keuken, eerder bestoven met een beetje bloem, en kneden het deeg gedurende 10 minuten, waarbij we zo min mogelijk bloem toevoegen in dit proces.
5. We modelleren het deeg, in de vorm van brood of in de vorm van een reep, en plaatsen het op de ovenschaal, die eerder met bloem is bestrooid.
6. We maken een paar kleine inkepingen in het bovenste gedeelte en zetten het 50 minuten in de oven op 190°.

93. ALFALFA SPROUT SANDWICH

Ingrediënten voor 1 persoon

- 0,5 tomaat eenheid(en) gesneden
- 1 snufje sla een of twee blaadjes
- 1 eetlepel geraspte wortel
- 30 gram Ananas een plakje
- 1 kopje gekiemde alfalfa
- 60 gram volkorenbrood twee sneetjes
- 2 theelepels Hacendado Lactosevrije Eivrije Saus

Voorbereiding

1. Besmeer beide sneetjes brood met vegan.

2. Leg de alfalfascheuten, sla, tomaat, geraspte wortel en een schijfje ananas.
3. Verwarm en serveer.

94. VIJGENBROOD

Ingrediënten voor 4 personen

- 50 gram Walnoot
- 1 snuifje Groentemargarine om de vorm te verspreiden
- 100 gram tarwebloem
- 100 gram rauwe amandelen (zonder schil)
- 1 glas anijs
- 500 gram gedroogde vijgen
- 5 eetlepel Yosoy rijstdrank of welke groente dan ook

herstelbetaling

1. Hak de gedroogde vijgen, hak de amandelen fijn en meng alles met de bloem in een kom, hak de walnoten fijn en voeg ze toe aan de kom.
2. Voeg de anijs en de plantaardige melk toe. Meng alles goed, besmeer een vorm met boter en voeg het vorige mengsel toe.
3. Dek af met aluminiumfolie en bak 30 minuten op 160°C.
4. Als het vijgenbrood klaar is, laat het dan opwarmen en uit de vorm halen.

95. KIPPERSALADE SANDWICH

Ingrediënten voor 2 personen

- 40 gram Sla
- 1 eenheid (en) Knoflook
- 5 gram Uienpoeder
- 0,5 eenheid (s) Komkommer
- 10 gram Prei of glas kikkererwten 8 uur geweekt
- 1 eenheid(en) Avocado
- 2 snufje zout
- 30 gram ingelegde augurken
- 2 gram Kelp Zeewier
- 1 eetlepel citroensap
- 100 gram volkoren brood 4 sneetjes

- 15 gram Krokant gebakken ui

Voorbereiding

1. We koken de kikkererwten, gieten ze af en pletten ze samen met het geweekte zeewier. Het hoeft niet gepureerd te zijn, maar eerder "hobbelig".
2. Hak de augurken, de prei, een teentje knoflook fijn en meng dit met de kikkererwten. Breng op smaak en voeg de tofunesa of sojasaus toe.
3. We snijden de komkommer en avocado in plakjes.
4. We assembleren de sandwich. Op een plak leggen we een dikke laag kikkererwtensalade, bedekken deze met een beetje gebakken ui, sla, komkommer en avocado. Bedek met nog een sneetje brood. We verwarmen de sandwich een beetje in de oven.

96. BREEKERS

Ingrediënten voor 4 personen

- 100 gram de Pan
- 1 theelepel extra vierge olijfolie

Voorbereiding

1. Het is een gek recept, maar ik gebruik het veel om in purees of soepen te doen en om te profiteren van het brood dat oud blijft.
2. We snijden het brood in kleine vierkantjes.
3. We doen het brood in zeer hete olie, we zijn voorzichtig om rond te gaan om te voorkomen dat het goudbruin verbrandt.
4. We halen het eruit en leggen het op absorberend papier.
5. Als we willen kunnen we een teentje knoflook in de olie doen.

97. HAVERMOUT DUMPLINGS

Ingrediënten voor 6 personen

- 250 gram Havermout
- 1 glas zonnebloemolie
- 0,5 glas witte suiker
- 175 gram volkoren meel
- 2 eetlepels chiazaden
- 1 eetlepel vanille-essence
- 2 eetlepels bakpoeder

Voorbereiding

1. vermaal de chiazaadjes week ze in 1/2 klein glas water. meng de droge ingrediënten en voeg dan de olie en chia toe. maak een stevig deeg als er bloem ontbreekt, voeg beetje bij

beetje toe. Maak vormen en bak 10 minuten aan elke kant.

98. VEGAN TOFU ROGGEBROOD SANDWICH

Ingrediënten voor 1 persoon

- 0,5 tomaat eenheid(en)
- 1 snuifje sla per blaadje
- 0.25 Uien Eenheid(en)
- 1 snufje zwarte peper
- 1 snufje zout
- 50 gram Tofu enkele plakjes
- 1 theelepel sojasaus (tamari)
- 60 gram volkoren roggebrood (twee sneetjes)
- 2 theelepels Hacendado Lactosevrije Eivrije Saus

Voorbereiding

1. Doe de tofu in een pan met een beetje olijfolie.
2. Doe sojasaus, een beetje zout en peper.
3. Bak het aan beide kanten bruin.
4. Smeer veganistisch vlees op roggebrood, leg sla, gesneden tomaat, ui en tofu.
5. Verwarm en serveer.

99. VOLKOREN ROGGE EN SPELT BROOD

Ingrediënten voor 4 personen

- 375 gram warm water
- 1 eetlepel zeezout
- 2 eetlepels zaden / pompoenpitten rasas
- 250 gram spelt (volkoren meel)
- 250 gram volkoren roggemeel

Voorbereiding

1. Je hebt ook 1 zakje volkoren gist nodig
2. Meng de bloem in een kom met de bakkersgist en het zout. Voeg het water toe en meng met behulp van een houten lepel. Het is beter om het water beetje bij beetje te gieten, kijken

of het deeg meer of minder water nodig heeft. Als het goed gemengd is, bedek het dan met plasticfolie en laat het 2 uur gisten (of zelfs een nacht en bak de volgende ochtend). Het deeg wordt in een langwerpige vorm gedaan die is bekleed met vetvrij papier, aan de bovenkant worden er dwarsdoorsneden gemaakt en we leggen de pompoenpitten erop, aandrukken zodat ze goed aan het deeg plakken. Bak een uur, de eerste 25 minuten op 220 graden en de overige 35 minuten op 175 graden. Het is belangrijk dat de oven voorverwarmd is en de ovendeur niet gedurende het hele proces opent.

100. SANDWICH MET SEITAN, GEROOSTERDE PEPERS EN PADDESTOELEN

Ingrediënten voor 1 persoon

- 1 snufje Peper
- 1 snufje zout
- 1 eetlepel olijfolie
- 5 eenheid(en) Champignon
- 40 gram Brood een klein broodje brood
- 40 gram Seitan
- 50 gram Paprikaconserven

Voorbereiding

1. De seitan wordt in lange plakken gesneden en gegrild met peper en zout. De champignons

worden gesneden en er wordt een sauté gemaakt met gehakte ui en knoflook. De geroosterde paprika's worden verwarmd op de grill en het brood wordt een beetje geroosterd. Bij het samenstellen van de sandwich worden de seitan, paprika en champignons op het onderste deel van het brood geplaatst en bedekt met het bovenste deel. Het kan je een hitteberoerte geven in de oven.

www.ingramcontent.com/pod-product-compliance
Lightning Source LLC
Chambersburg PA
CBHW070425120526
44590CB00014B/1538